U0917817

Орлы над Уханем

武汉上空的鹰

长江日报编辑部 著

武汉出版社

(鄂)新登字 08 号

图书在版编目(CIP)数据

武汉上空的鹰/长江日报编辑部著. —武汉:武汉出版社,2015.11

ISBN 978-7-5430-9536-6

Ⅰ.①武… Ⅱ.①长… Ⅲ.①新闻报道-作品集-中国-当代 Ⅳ.①I253

中国版本图书馆 CIP 数据核字(2015)第 220241 号

联合出品:长江日报报业集团
　　　　　武汉市文化局
　　　　　武汉市园林和林业局
　　　　　武汉出版集团公司
　　　　　武汉中央商务区管理委员会

著　　者:长江日报编辑部

责任编辑:杨建文

装帧设计:职文胜

出　　版:武汉出版社

社　　址:武汉市江汉区新华路 490 号　　邮　　编:430015

电　　话:(027)85606403　85600625

http://www.whcbs.com　　E-mail:zbs@whcbs.com

印　　刷:武汉市金港彩印有限公司　　经　　销:新华书店

开　　本:787mm×1092mm　1/16

印　　张:16　　字　　数:230 千字

版　　次:2015 年 11 月第 1 版　　2015 年 11 月第 1 次印刷

定　　价:58.00 元

版权所有・翻印必究

如有质量问题,由承印厂负责调换。

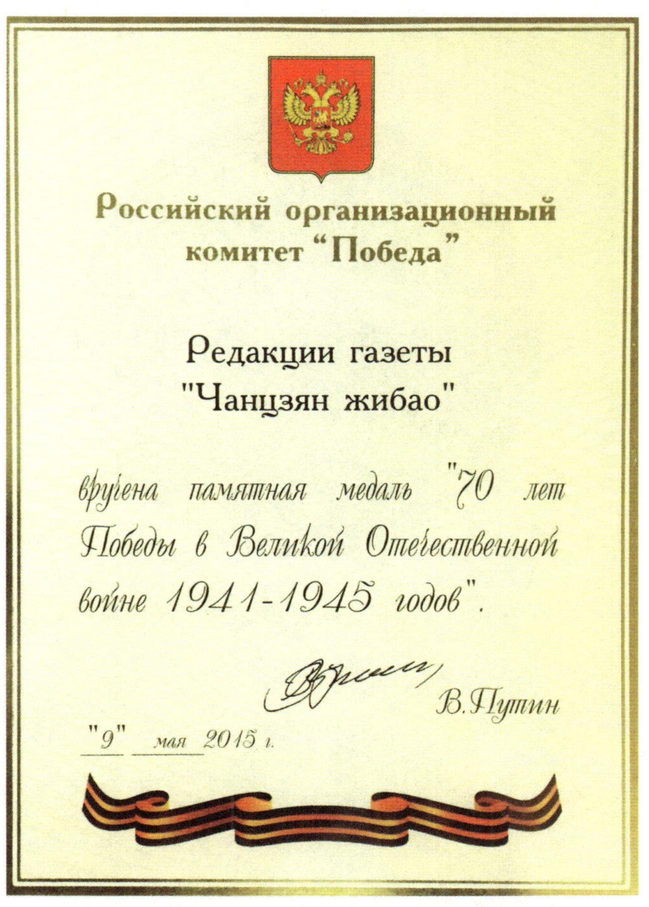
Российский организационный
комитет "Победа"

Редакции газеты
"Чанцзян жибао"

вручена памятная медаль "70 лет
Победы в Великой Отечественной
войне 1941-1945 годов".

В. Путин

"9" мая 2015 г.

2015 年 6 月 11 日，长江日报获得俄罗斯总统普京签发的"1941−1945 卫国战争胜利 70 周年"纪念奖章。与奖章配发的奖证上写着："俄罗斯胜利组委会授予长江日报编辑部 1941−1945 卫国战争胜利 70 周年纪念奖章"。下方是普京总统的手书签名。

“1941—1945 卫国战争胜利 70 周年”

纪念奖章

目录

第二部分　英灵在拨动着音弦

第三部分　要寻找的英烈何止15位

引言

在俄罗斯有这样一句名言:只有战争中的最后一位烈士被找到,这场战争才算结束。这是对每一位战士、每一个生命的敬畏与尊重,也是对和平的企盼与向往。

2013 年,武汉保卫战 75 周年,作为武汉的主流媒体,长江日报要用报道和文字来祭奠这一段历史和为之献身的英烈。我们开始被这句话拷问。

武汉保卫战是中国人民抗日战争的重要转折点，也是整个抗战过程中持续时间最长的会战，它有力地粉碎了日本军国主义快速灭亡中国的图谋。武汉保卫战打响之前,中国空军已严重受创,可作战的飞机只有几十架。危急关头,2000 多名苏联空军将士以志愿者的身份陆续来华,与中国军队并肩御敌,迫使日本空军基地后退 500 公里。

中苏空军有力地保卫了武汉的天空,也为此付出了沉重的代价。中国空军将士李桂丹、陈怀民、巴清正等捐躯报国,100 多名苏联空军飞行员血洒长空。

武汉解放公园苏军烈士墓，这座熟悉的墓碑又一次进入我们的视野。此时,我们突然发现它如此陌生——75 年来,在此长眠的 15 位苏联空军志愿队烈士,只留下一串名字和生卒年月。受限于当时的时局,他们来去并不为大众所知,甚至在牺牲后,连遗骸也不能及时入殓。在中国和俄罗斯,对他们的历史记载,本应是被重新解密的历史谜团,却成了淡淡的几笔。

92 岁高龄的烈士墓工程设计师张良皋教授告诉我们，原来的设计方案中还有一座穹顶型的烈士纪念坛,当时受物质条件所限,这个设计未能实现。几十年来,这成了他的一块心病。他常常担忧,那些本应该在坛中为我们所纪念的音容笑貌会不会随风飘逝。

这段历史空白已经不再只是新闻的发现，而是搁在我们面前必须去偿还的"历史欠债"。对英烈的敬畏、对还原历史的渴望,催促着我们一定要寻访到这些烈士的生前身后之事。

由此,我们以"历史考证者"、更是以充满着感情的人的身份,开始了历时两年多的艰难寻访。

开始寻找时才知道,这里哪有路可走啊！时光的流逝已经让本就隐蔽的历史变得更加模糊。

每当寻访陷入困境之时、眼前出现迷茫之时,我们会到烈士墓前静静伫立。有时还会从这里出发,走到 1 公里开外的汇申酒店和 5 公里开外的王家墩，这里曾是苏联空军志愿队战士们的宿舍和他们起降的汉口机场旧址。这两处也早已是物逝人非。我们启动这段寻访是在他们鹰击武汉长空 75 年之后,如果队员中还有幸存者,应已过百岁;如果他们有子女,其子女也应已七八十岁高龄。我们能否找到他们？他们还能告诉我们什么？他们是否和我们一样也在寻找？去俄罗斯,去他们出发的地方,是唯一能够找到答案的路径。只有出发,我们才能够真正为这段历史补白,哪怕只是片段;也只有在路上,我们才能真正捕捉到他们的气息,触碰到他们的灵魂。

于是，我们从武汉出发，奔赴南昌、南京、北京、兰州、莫斯科等城市，开始了与时间赛跑的寻访旅程。

所幸的是，我们还是跑赢了时间，找到了92岁的伊万诺夫。他是俄中友协的负责人，曾与幸存的志愿队老战士多次来华访问。他也一直在关注烈士的后人。通过他，我们找到了烈士列昂尼德·伊凡诺维奇·斯柯尔尼亚科夫的儿子尤里，找到了烈士伊凡·尼科诺罗维奇·古罗夫唯一的后人、外甥女波什金娜。

我们跑赢了时间，循着一张73年前烈士家属书信上的地址，辗转三个州，找到了烈士菲利普·杰尼索维奇·古里耶101岁的遗孀安娜。当我们的记者走进她的房门，她泪盈于颊地送上拥抱时，我们感受到的是这位百岁老人圆了70多年的心愿，创伤得到一些抚慰。

我们跑赢了时间，让这些尘封在俄罗斯档案馆中的资料得以解密并公之于众，让这些烈士能够完完整整地被人们缅怀、纪念。感谢俄罗斯联邦驻华大使馆的同志，感谢俄罗斯国立军事档案馆的负责人。在他们的帮助下，我们还原了烈士墓上15位烈士的准确档案信息，并找到了另外14位在武汉保卫战、武汉空战中英勇牺牲的烈士。今年9月3日之前，这14位烈士的名字将被增刻到解放公园的墓碑上，供人们缅怀祭奠。

70多年来，中俄两国围绕寻找这些烈士，曾出现了不少感人的故事。80多岁的范方镇老人，20多年来坚持翻译、考证烈士档案；亲历过武汉保卫战的张良皋教授、黄康宇蔡德庄夫妇，怀着感恩的心倾情建设纪念墓园，并在心中守护着未建成的纪念坛长达半个世纪；伊万诺夫为帮助烈士家属寻找烈士踪迹，一直奔走在中俄两国……这些饱蘸情感的故事何尝不是那些志愿队英烈情感的延续？国之交在于民相亲，而这种“民之相亲”是多么的自然、深厚、富于生机和活力！

至此，我们也更加明白了这座墓碑的内涵。它承载着安娜们的思夫之痛，烈士子女们的思父泪水，张良皋、范方镇们的感恩和缅怀，还有无数中国人的崇敬……

我们决定将这些编撰成书，给牵盼着她的人们带去温暖与慰藉，也让更多人了解这段隐去的历史，与我们一道继续寻找，永远纪念这些异国英烈。

本书编辑接近尾声之时，我们得到了一个意外之喜。2015 年 6 月 11 日，俄罗斯联邦驻华大使馆公使衔参赞陶米恒受大使委托，代表普京总统向长江日报编辑部颁发了“1941—1945 卫国战争纪念”奖章。这是对我们寻访工作给予的重大肯定。它凝结着志愿队烈士的碧血、亲人们的泪水和寻访者的汗水；它是中俄两国人民友谊的见证，也是中俄两国人民期盼和平的见证。这一荣誉属于这些志愿队烈士，属于一直在寻找这些烈士的中俄两国人民。我们的寻访只是将这 70 多年来大家的寻访连成一片。如果说我们的寻访有什么价值的话，也正在于此。

第一部分

墓碑无言指苍穹

第一章
75 年来 他们只留下了一串名字

有些人事，因为司空见惯而习以为常，因为久居和平年代而忘却它的本来面目。最终，我们甚至以为，它们从来没有发生过。

历史的真相却是，曾经刀光剑影、腥风血雨、电闪雷鸣。

曾经枪口舔血，以命搏命。

曾经攸关公理正义与世界和平。

武汉有座解放公园，公园里有座苏联空军志愿队烈士墓，墓前有块高高耸起的纪念碑。

墓地四周是宽敞的平地，满目青翠，四时都是人们跳舞、散步、休憩的好处所。因为太习以为常，人们很少会爬上台阶，逐一看看十几块墓碑上写的是什么文字。

2013 年，武汉保卫战 75 周年，我们开始重新审视这座墓园。

纪念碑上只有 15 个名字和生卒年月

纪念墓园坐落在公园东北角，闹中取静。一座方锥形大理石纪念碑巍然矗立在草坪尽头，碑座四面镌刻着中苏两国国徽浮雕，碑身上的金色大字在阳光下熠熠生辉，中俄两种文字铭刻着："中国人民抗日战争中牺牲的苏联空军志愿队烈士永垂不朽"。

纪念碑墓志铭里这样记述："苏联空军志愿队与中国人民一道在反击日本法西斯的斗争中创立了无数的英雄战略……顽强地参加了保卫武汉的斗争，严重地打击了日寇的疯狂气焰，鼓舞了中国人民的战斗意志。"

细看墓碑及墓台上镌刻的字迹，供人缅怀的信息只有 15 位烈士的名字和生卒年月，大的终年 33 岁，小的年仅 24 岁。

在这里遇到常来跑步晨练的市民于汉明，谈起墓园为谁而立，他第一反应是惊讶："哦，武汉抗战还有苏联人来帮过忙？"然后疑惑："我怎么没听说过呢？"

年近九旬的老人周绍馥，是标准的"老汉口"，说起解放公园的一草一木如数家珍，对当年汉口跑马场的繁华景象记忆犹新。我们数度联系她，希望她谈谈这座墓园背后的故事，她托人带话："我一点也不了解那些苏联士兵，没什么可说的。"

遗迹周边老辈街坊们的回忆支离破碎，部队相关机构和高校历史系的研究学者们同样未能再现那段史实。有网页转载图文报道：1993 年，烈士列昂尼德·伊凡诺维奇·斯柯尔尼亚科夫上尉的"遗腹子"(后经核实为 1995 年，也并非"遗腹子"，编者注)来汉祭扫，与市民合影。可惜，无论是原始照片还是见证者，都遍寻无着。

20 年来祭扫不断

但许多证据又告诉我们，这座墓园比我们想象的要来得重要。

2010 年 11 月 15 日，前来武汉出席中俄印三国外长会晤的俄罗斯外长拉夫罗夫，在时任外交部长杨洁篪的陪同下，向苏联空军志愿队烈士墓敬献了花圈。

2013 年 3 月，国家主席习近平在俄罗斯发表演讲，提到重庆一对母子为来华抗战壮烈牺牲的苏联空军志愿队大队长库里申科守陵半个多世纪，引发世人对苏军烈士的关注。"与重庆那对母子类似，武汉也有不少市民，提了水桶和抹布，洒扫墓碑墓台，刮去一些顽固污渍。"解放公园管理处主任柯吉祥说。

2013 年 5 月 14 日，俄罗斯总统全权代表巴比奇访问湖北武汉，出席"长江中上游地区和伏尔加河沿岸联邦区地方领导人座谈会"。当日下午，他在国务委员杨洁篪陪同下，向解放公园烈士墓敬献花圈。

2015 年 5 月 6 日下午，俄罗斯联邦驻华大使馆一等秘书达姆李诺夫一行，代表俄罗斯联邦总统普京、俄罗斯军方、国防部及俄罗斯驻华大使馆，向为苏联卫国战争作出贡献的武汉市民蔡转，颁发“伟大卫国战争胜利 70 周年”纪念奖章。当天上午，他也前往解放公园，祭扫了苏联空军志愿队烈士墓。

“这些高层的参拜，气氛很肃穆，有礼仪卫兵，大花篮整齐摆放，带给人一种强烈的庄严感。”柯吉祥说。

搜索文献发现，武汉苏联空军志愿队烈士墓建成 50 多年来，政府和民间的拜祭活动从未间断。中苏关系风风雨雨，武汉苏联空军志愿队烈士墓一直得到了完好守护。仅查询武汉市委机关报《长江日报》，我们就发现，1956、1957、1958、1959、1960、1962、1963、1965、1966、1972、1975、1976、1977、1979、1980、1985、1986、1987、1989、1993、1995、1997、1998 年均有报道记载中苏(俄)各界人士来此扫墓。

柯吉祥见证，20 多年来，省市大大小小的拜祭活动每年都有，其中不乏由主管副市长陪同的外籍官员参拜仪式。随着中俄关系日益深化，文化交流增多，俄罗斯民间人士也不时来祭拜、献花。很多个黄昏时分，他去公园巡视，常看到市民游客默立于墓台前，有的鞠躬敬礼。

2008 年，解放公园对墓园进行了修缮。次年，俄罗斯有关方面又出资 10 万元人民币重修，碑身的大字重新描金，烈士姓名石也换成了大理石。

烈士墓曾经搬迁

进一步查找，我们发现，解放公园并不是苏联援华空军志愿队烈士英灵最早安身之地。

从 1950 年 6 月 25 日《长江日报》头版《萧三等一行昨凭吊苏联空军志愿队烈士墓》报道可知，“为中国人民解放事业牺牲的十余位苏联航空志愿队烈士，均安葬于中山大道一八五三号万国公墓”。

1951 年 11 月 28 日《长江日报》头版《武汉市苏联飞行员烈士墓昨隆重举行奠墓典礼》告诉我们：

苏联飞行员吉谢辽夫等 15 人，在武汉上空空战中英勇牺牲。当时的

解放公园东北角的苏联空军志愿队烈士墓

1956 年解放公园内刚建成的苏联空军志愿队烈士墓

国民政府将他们的遗体安葬于汉口万国公墓。

“武汉解放后，人民政府即将烈士墓重新修建，并另择地点筹建纪念碑。烈士墓已于十月修建完竣，并于二十七日隆重举行奠墓典礼。”

至 1956 年 3 月 31 日，《长江日报》又在头版报道《苏联空军烈士墓迁建工程结束》。

报道称：“志愿队烈士墓原在汉口中山大道万国公墓内，因该处地点不适当，武汉市人民委员会决定择地迁葬，重建墓碑。迁建工程于元月 6 日正式开工，至 3 月 29 日竣工。现在正在加紧进行绿化工作。”

“新迁建的苏联空军志愿队烈士墓，设解放公园东北角朝梅岭与夕桂岭之间，整个面积占一万多平方。墓宽三十二公尺六寸，高三公尺，为花岗石所砌成，正面中间嵌有烈士姓名碑十五块，两旁各镶有纪事碑一块，均为白凡石，用中俄文镌刻。墓前矗立一高达八点一公尺的纪念碑，纪念碑与墓中间有一宽十五公尺、长三十二公尺三寸的广场。碑前有大花坛，并辟有宽坦的混凝土墓道，墓顶和墓道两旁，均有花圃。”

烈士墓址的变动基本弄清了。此时，一路北来的苏联援华空军志愿队烈士后裔游历团，进入我们的视野。

2013 年 5 月初，我们听说有一队烈士后裔来到中国重走当年父辈来华的路线。

在汉口江滩边的汇申大酒店——曾经的苏联空军战士驻地，日据期间的“日本俱乐部”、原日本驻汉口领事馆，我们见到白发苍苍的领队叶甫盖尼·康斯坦丁洛维奇·奥巴索夫。他与同伴们住在这里，想重温父辈的战斗岁月。

这队烈士后裔从新疆乌鲁木齐降落，由北向南，途经兰州、南昌、武汉至重庆和南京，再返北京回国——1937 年 10 月，苏联援华空军志愿队员们开启了由阿拉木图经兰州到汉口的“空中桥梁”。由于行程紧凑，加上亲属前辈与武汉多无交集，他们在武汉仅停留一晚。又因语言和翻译的原因，我们没能深入交谈，留下遗憾。

但这个小插曲让我们对还原烈士事迹增加了信心：我们在搜集还原历史，烈士后裔在寻找亲人足迹。两国人民有着同样的目标与方向。

“没有他们，武汉的制空权早就不存在了”

当年苏联空军志愿队的出击，对武汉意义何在？

“没有他们，武汉的制空权早就不存在了。”军史作家萨苏说。

1937 年 9 月中旬，日本海军航空本部就秘密制订了空袭武汉三镇的详尽作战计划，企图瘫痪中国军队交通运输，为下一步从地面大举进攻武汉创造条件。

当时中国空军主力在江浙一带作战，武汉的空防力量相当薄弱，在连续数月的空袭中遭受到重大的损失。

1937 年 9 月 26 日，上海的《字林西报》刊发一篇路透社记者从汉口发出的专电，描述日军第一次空袭给武汉一个平民区造成的惨状：“我们在街道拐角处仅仅站了 10 分钟，就看到抬过去 120 多具伤残的躯体。……最令人不忍心看的是担架上的死婴。已死的和快死的混在一起。大多数受伤者的伤口流着血，一丝不挂。”

1938 年初，苏联空军志愿队陆续进驻南昌和武汉附近机场，使武汉的防空力量大为增强。在他们的协助下，中国军队与日军在 1938 年初的“二一八”交锋中，取得 11:5（击落战机的比例）的战绩。接着进行的两场较大型的空战，又以 21:12 和 14:2 的“战绩比”赢得了一边倒的胜利。

军史作家萨苏曾深入研究过这段历史。他接受我们采访时表示，苏联空军志愿队在武汉保卫战中具有重要地位，“可以毫不夸张地说，如果没有他们，武汉的制空权早就不存在了”。

这支“正义之剑”是悄悄地来，悄悄地走

囿于特殊的政治背景，苏联援华空军志愿队是秘密援华。战士们功勋巨大，却只能“悄悄地来，悄悄地走”，事迹鲜为人知。

以 1938 年 2 月 18 日空战为例，战事结束后，中央社报道时只强调了“我空军”将士建立奇功。《新华日报》报道：“这几天来，武汉市面不论

穷街僻巷,都在议论着18日我国空军击落敌机16架(日寇在沪广播自认此数)伟大胜利的情形。”同样没有提及苏联空军战士。

时任国民政府军委会政治部第三厅厅长的郭沫若,在自己的抗战回忆录《洪波曲》中专门有一章记录苏联空军志愿队。他在文中回忆道,苏联义勇队号称“正义之剑”,在空战中有不少人受了伤,更有不少人牺牲了,“详细的人数可惜我也不知道”。

与他们的沉默低调形成对比的,是同时代、承担相同任务的其他空军英豪。

1938年4月29日武汉空战,22岁的陈怀民驾机遭到日军5架战斗机围攻,机身中弹起火,他扭转机身撞毁一架敌机,自己从3000米高空坠落,直插江心。次日,各大报刊纷纷报道这次震惊世界的大空战,无数国人欢欣鼓舞,也为陈怀民的壮举无限惋惜。这位年轻烈士的名字响彻江南江北,还成为武汉一条道路的名称,至今仍在。

同是不远万里来援助中国人民抗击日本军国主义侵略,在苏联空军志愿队之后帮助中国守护过抗战天空的美国“飞虎队”比陈怀民的名气还要大得多。70多年前,他们的故事被广泛报道,在国际上人所共知。

美国“飞虎队”在我国多地的纪念馆,无论是纪念形式还是规格,也远高于武汉的苏联空军志愿队墓园。

湖南芷江“飞虎队”纪念馆,外形是一座两架飞机型的环形建筑,馆内设4个展览大厅,以大量的珍贵文物、实物和照片再现“飞虎队”的各种英勇事迹和生活场景。其中的中美空军俱乐部旧址嵌有一块青石奠基石,建于1944年,为国家一级文物。展馆复原性建设了当年军官的宿舍,雕刻有很多有名有姓的军官和战士群像,还有陈纳德将军的单人塑像,给人直观的震撼力。

柯吉祥介绍,同为纪念苏军,大连市旅顺口区的苏军烈士墓“阵容”也要强大得多,修建了紫色大理石砌成的拱形大门、纪念碑,墓地四周绕以围墙,还在1955年苏军撤离旅顺前修建了一座烈士纪念塔。该塔目前为国家一级保护文物。陵园总占地面积达4.8万平方米,1989年被列为辽宁省级文物保护单位。2010年9月,俄罗斯联邦总统梅德韦杰夫曾亲往拜谒。

而仅仅为了墓台上 15 位苏军烈士的姓名与生卒年月，解放公园就花费了九牛二虎之力四处搜寻。纪念墓直到 2012 年 8 月才获评为武汉市第五批市级文物保护单位。

我们要纪念的应该是一个个活生生的人

解放公园苏联空军志愿队烈士墓总设计师黄康宇的遗孀蔡德庄回忆，当年武汉市委市政府市政协，以及那些设计墓园的专家，都是抱着“流传久远”的心态来设计和建设解放公园里的苏军烈士墓，因为他们清楚知道这段历史的重要性。她有些担心，“流传久远”的预想可能落空。

这些苏联空军志愿队烈士在风华正茂之际离开家人，听从正义的召唤来到武汉，却永远长眠于异国他乡，只以一个碑的形式集体存在。来到碑前，怎能不感慨于战争的残酷、生命的脆弱，或体味和平的不易、正义的守卫？

但因事实匮乏，站在碑前，除了对历史大场景的追思，除了内心肃穆和感恩的情绪，很少人能对这些苏联空军志愿队烈士的事迹有所回想，几乎没有人能说出一个确切的姓名。这不免让凭吊失去了血肉的基础。

在负责墓园具体施工设计的张良皋看来，对苏军烈士的纪念还应该更为深入。“他们把血洒在了武汉，遗体留在了他乡外国。这么多年了，我只要一想起这个就觉得有愧。我们要纪念的不是什么口号，而是一个个活生生的人”。

陈怀民路的一位老太太说的道理更直白：“不管他是中国人还是外国人，都是娘养的，是娘的心头肉，做了天大的好事却把他们忘得一干二净，要不得。”

第二章
一个甲子都未完成的纪念

2013 年 6 月，我们寻找解放公园苏军烈士纪念墓园的设计者时，在武汉找到了两位耄耋老人，也即上文所述的张良皋和蔡德庄。

1954 年下半年，湖北省和武汉市有关部门动议修建苏联空军志愿队烈士墓。已故著名建筑学家、武汉建筑设计院总工程师黄康宇负责纪念墓整体设计。著名建筑学家、华中科技大学建筑系创始人之一张良皋是黄康宇在重庆中央大学建筑系（新中国成立前）的系友，负责具体施工设计。

2013 年，90 岁的张良皋还健在，我们去华中科技大学校园访过他几次。老人身体不好，哮喘，日常起居由女儿和女婿打理。见到我们，他总是十分欢迎，听说是采访纪念墓园和苏联空军志愿队，说到激动处根本停不下来。

谈起解放公园里的苏联空军志愿队烈士墓，他说："那是一项未完工的工程。半个世纪了，一直没有达到设计者的最初设想。"

最初的设计草图迄今未能找到，张良皋只能凭记忆"还原"：前后有牌楼，墓碑、墓台位于一条笔直的轴线上，再过去，便是那座"未能面世"的圆顶式纪念坛。

2013 年 7 月 22 日，张良皋老人随我们来到苏联空军志愿队烈士墓前。

走上墓台旁的石阶，张良皋遥指玉兰树后的羽毛球场，告诉我们，纪念坛原准备建在那里，"碑、墓、坛，沿轴线排开。碑和墓是直观的纪念，坛里展示文字和图片，展现烈士的音容笑貌，可以让人更加深切地感受到和平生活来之不易"。

他反复强调，纪念坛绝不是可有可无的附属物和装饰品。少了纪念

武汉解放公园
苏联空军志愿队烈士墓
黄康宇总工程师方案
回忆图

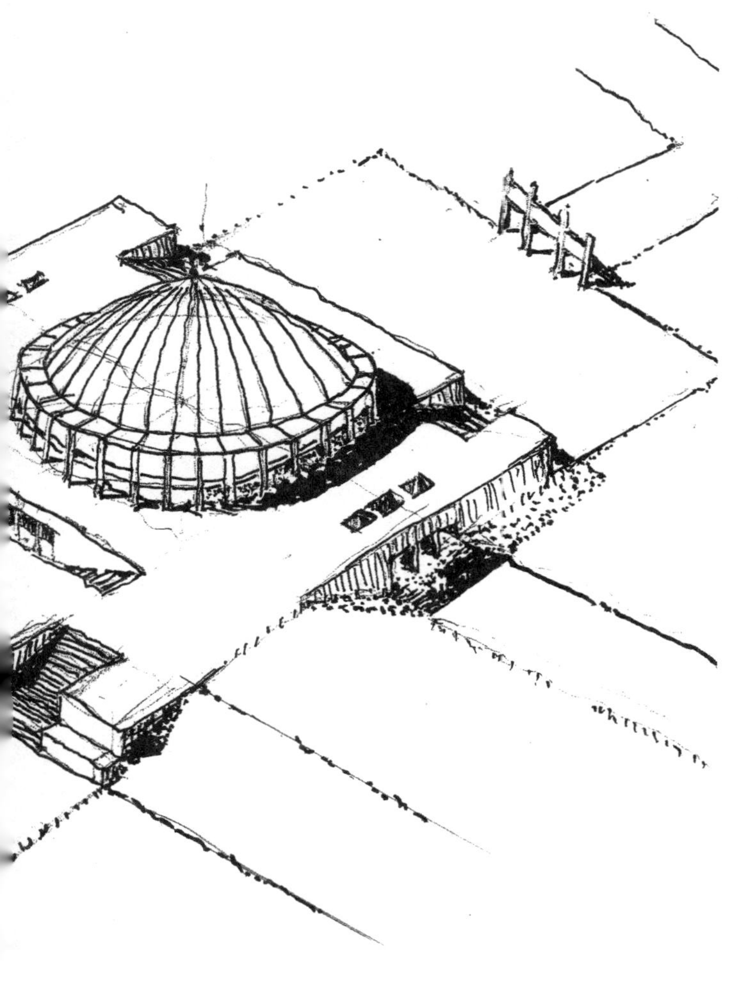

张良皋教授根据回忆绘制的解放公园苏联空军志愿队烈士墓当年的设计方案草图

2013.7.17. 張良皋提供

坛，就少了对历史、英烈的认知与敬重。

1938年，武汉空战正酣时，张良皋15岁。他记得，最初，中国空军对日作战损失惨重，几无战斗力，飞机上天后连起码的阵形都没有。后来，主机和僚机有了相互配合，击落敌机也明显增多，大家猜测有“神秘力量”助威。

“战斗到后来，警报拉响，人们不往防空洞跑，而是冲到阳台、晒台上观战。”张良皋说，国民政府没有对民众宣传过苏联空军志愿队的存在，有心人找来国民政府发行的《中国的空军》杂志翻看，从中看到了对“苏联友军”的描述，苏联空军援华作战才成了“公开的秘密”。

张良皋凭记忆所画的纪念墓园草图构图严谨，用笔精当。当他向我们展示草图时，我觉得老人是在用生命为历史作证。

“武汉的苏联空军志愿队烈士墓一直没有进入这座城市的中心话题，置放在人们记忆的角落里，不得不说，跟工程未完工有很大关系。”2013年夏天，黄康宇先生遗孀、90出头的蔡德庄对我们说。

蔡德庄女士住在武汉纺织大学的宿舍区内，三个儿子都事业有成。

她回忆当年参加墓园建设，白天施工，晚上丈夫呆在施工现场，她只能一个人回家，骑自行车经过一片坟地，心里不免害怕。路上都是泥泞的水凼子，回到家总是一身灰满脚泥。“干有意义的事，没觉得苦呢！”老人笑着回忆。

跟张良皋一样，蔡德庄老人也亲历过武汉空战。1938年她17岁，家住汉口南京路一带。她听说过有苏联飞机参战，但是从没见过苏军战士，“他们极少上街”，只是从坊间绘声绘色的传闻中听说，“俄国大兵”是“体格魁梧、毛发浓密的帅哥”。

说起苏联空军志愿队烈士，她饱含情感，“我们受过他们的恩，后来我和丈夫参与纪念墓建设，就有一种报恩的心态在里面”。

蔡德庄回忆，黄康宇将纪念坛设计成苏联风格的圆顶式建筑，想让它成为一座爱国主义、国际主义教育基地。遗憾的是，当墓碑和墓台建成后，由于经费紧张，纪念坛的设计和施工不得不停下来。

得知纪念坛建设中止，黄康宇好几天不言语。他于2005年去世，生前一直感叹“可惜了”:解放公园风景很好,体量很大,加一个设施不会显得拥挤;没有纪念坛,相关的历史资料、记忆和情感也就随风而逝。

蔡德庄女士提到,纪念坛建设中止的原因是“经费紧张”。从搜集到的资料来看,这个问题确实存在。

我们从武汉市城建档案馆找到一套当年的建筑施工过程记录和一些建筑单位往来函稿,一份函件上批示:工程使用经费一定要控制在5万元。

张良皋回忆:“当年我国百废待兴,资金紧张,武汉市政府确定迁墓、建墓总经费是5万元,后来由于施工变化,经费才追加到14万元。但是资金紧张的难题一直存在。”

资料透露,建设纪念墓,要用到大量麻石和白凡石,设计施工方原想派人到全国各地采购,但由于赶工期和经费限制,很多材料都是“就地取材”——从武汉市第四小学、私立济众小学和私立江苏小学等学校操场挪来石料,用作至为关键的碑座、姓名石。

近些年,墓园进行了修缮。但张良皋说,墓园主体还是当年模样,一直没有完全完工;修纪念坛的事,更是没人提了。

我们陪张良皋老人扫墓的当天,空地上有人晒米。墓碑与墓台之间画了黄线,成了羽毛球场地。绿地两旁有游客坐卧小憩。张老摇头,“这些都不太合规范,纪念场地就应该保持严肃、洁净,来到这里的人应该保持站姿”。他感叹:“纪念墓园只是一个形式,重要的是形式背后的内容,历史深处的人影。这段应该被铭记的历史还没有真正走进每一个武汉人的心中。”

张老一直关注支持着我们的寻访。2013年8月,在我们第二次出发赴俄罗斯寻访之前,他托我们带去一封信给可能同我们达成寻访合作的俄罗斯国家电视台《等着我》栏目,呼吁俄罗斯民众也参与寻访。

张良皋1923年出生于汉阳的一个教师世家,自己也是跨越世纪的一个传奇。他是二战老兵,也是著名的建筑大师,著名的建筑教育家,是红学家,还是诗人、古人类历史学家。2015年1月14日,他以92岁高龄在武汉去世。

第三章
最后一位可能的当事人也不在了

在搜寻苏联空军志愿队事迹的过程中，我们发现了2004年3月收录在《武汉文史资料》中的一篇回忆录。回忆录名为《1985年，在武汉接待我的苏联战友》。文中，在湖北监利生活的老空军战士吴鼎臣记述了他在汉参加抗日战争胜利40周年纪念活动，与苏联空军志愿队老战士意外相认、欣喜相拥的情形；并回忆了当年的致辞得到苏联战友回应，后来在两国关系特殊时期挑起“私人友协”担子的种种艰辛。

“1938年4月29日的那天，是日本天皇的生日，日本空军企图对武汉进行狂轰乱炸，以此向其天皇祝寿。那天我们和苏联空军志愿队的同志们并肩与日本飞机作战，苏联同志苏斯哲尔为中国人民献出了年轻的生命……我刚讲到这里，苏联的一位老同志就激动地用手指他自己向我示意，接着他就离开座位到我身边与我握手并坐，跟着摄影同志走过来为我们照了几张纪念照片。”这一次来到武汉的正是4位曾参加援华战争的苏联老战士，其中布拉格维申斯基、普希金和弗道洛夫3位参加了武汉空战，伊万诺夫则是参加解放东北的伞兵队长。

吴鼎臣的详细回忆燃起了我们新的希望。除了布拉格维申斯基1995年以86岁高龄去世，其他3位应还在世。是否可以通过吴鼎臣找到这几位当年来汉访问的老战士？我们即刻打电话，向文中提到的单位监利人民大垸农场打探吴老的近况。对方很快告诉我吴老家的电话，但联络多次都没人接听。

几天后的一个傍晚，电话终于接通。接电话的是吴老的女儿戴珊珊，她遗憾地说，父亲已于2012年以97岁高龄过世；收拾父亲的遗物，并未发现多少相关物件。

我们于2013年5月28日踏访了老人晚年长住的监利人民大垸农

场,并在5月30日出版的《长江日报》上做了专题报道。

吴鼎臣是中国最早的一批空军战士,曾参加中国抗日历史上发起的首次空战笕桥空战。1937年8月15日,他参加南京保卫战,飞机受损,他负伤跳伞。1940年5月18日,他又辗转重庆,参加了那里的战斗。

1938年2月18日,武汉空战打响。吴鼎臣在第一次战斗中就击落敌驱逐机一架,最后与敌机相撞,他紧急跳伞生还。

当年4月29日空战,吴鼎臣驾机担任总领队刘宗武副大队长的僚机。他曾回忆:"在4000米高空,我被3架敌机围攻,我座椅的钢质装甲靠背被敌人的子弹打得叮当响。"刚刚安装的自制钢板椅背救了他一命。由于飞机起火,他的头部、颈部被烧伤。跳伞后他被当地百姓送入武汉万国医院救治。

吴鼎臣记得,苏联空军志愿队在武汉保卫战中,先后毁伤日军水面舰只超过百艘、击落日机15架。在中苏勇敢的联合空中作战力量面前,日军骄横一时的所谓"空中武士"、"四大天王"和"霸王"机队等等,折戟沉沙。

2005年8月22日,吴鼎臣和10位到汉访问的美国飞虎队队员冒雨来到武汉解放公园,向苏联空军烈士墓敬献花篮,并在苏联烈士纪念碑前留影。

"他们比我们更早来到中国,先后参加了南京、武汉、南昌、重庆、成都、兰州等地的空战,并远征台湾致日军的松山机场瘫痪一个月,真是了不起。"

美国飞虎队成员威廉·杰克逊心里清楚,"他们是来华参战的空军先驱,虽然他们的事情并不为广大人民所熟知,但是他们同样应该被历史铭记,就像我们的飞虎队一样。"(据《武汉晚报》2005年8月23日《中美飞行员在汉同悼苏联空军烈士》报道)

"1937年9月19日的沪宁保卫战中,我因伤被迫降落。"吴鼎臣向飞虎队队员们介绍。他明显感觉到自己的飞机比不上日军先进。"正在此时,上级让我伤好后赶到兰州接收苏联援助的新型飞机。"吴鼎臣当天即奔赴兰州。

“我们接收的是E–15和E–16战斗机，这两种战斗机最大的优势就是速度快、转弯灵活、配备的火力猛。”不久后，吴鼎臣就接到任务，去保卫武汉领空。

“他提起往事兴致总是很高。他知道苏联人的事情，他们是并肩战斗的。”戴珊珊告诉我们，吴鼎臣生前总说，实际上苏联空军比中国空军作战技术高超，因为他们受的教育和训练更专业，经验也更丰富。吴鼎臣生前还多次表示过：“苏联那帮孩子受委屈了，来得神出鬼没，走得无人问津。”

1985年与苏联老战友会面后，吴鼎臣决定要做中苏友谊的“单干户”。但他看不懂苏联战友回国后寄来的俄文信件，就找到南京中山陵的范方钲和湖北省对外友协的胡冬妮帮助翻译。

那些年，吴鼎臣与苏联老友间一直交流着两国重大的友好事件。布拉格维申斯基在逝世前给吴鼎臣的最后一封信中还拜托他调查了解一些苏联空军志愿队飞行员散葬在广西桂林、柳州和百色县等地的坟墓，吴鼎臣回信表示事关重大非个人能力所及，建议以外交和友协途径调查解决。

中苏关系恢复正常化后，北京航空联谊会与俄罗斯老战士协会取得联系，吴老这个“私人友协”的担子才卸下。

“其实我也很好奇，他们那些人是怎么回事哦，大老远跑来怎么就没有下文了？”戴珊珊自问，同时也是在问我们。

第四章
南京，是峰回路转，还是更大的谜团？

2013 年是武汉保卫战 75 周年。5 月，我们所在的长江日报编辑部正式立项，开始寻找苏联援华空军志愿队不为人知的故事。报道小组在武汉所得甚微。没有见证他们事迹的实物、照片，见证过那段抗战历史的九旬老人也没有近距离接触过这些志愿队员。从哪里才能找到更多信息呢？

我们以“武汉空战”“武汉保卫战”“苏联志愿队”“援华抗日”等主题词搜索了数据库，结果很多，涉及国际援助和苏联援华的内容却很少。

时间一天天流逝，距离寻访启动已有半月，不知不觉到了 5 月底，依然毫无收获。

我们开始扩大搜索范围，用英文关键词进行网络搜索。说不定有哪位外国学者对此有研究呢？

在“Battle of Wuhan（武汉大会战）”的词条链接中，一本英文译著《Soviet Fighters in the Sky of China》屡次被提起。书中详细记叙了援华空战的细节和数据，根据内容可以推测，这是一些从援华战争中幸存的苏联空军战士归国后撰写的回忆录。

我们总想着去发掘研究历史的人，却忘了那些创造历史的人。这些荣归的战士和我们墓碑上纪念的烈士一样，正是那段历史中的主角啊！

当务之急是找到这本书和原著，我相信从这里入手将会找到苦苦寻找的历史。

于是，我又以译著的英文关键词继续搜索。浏览数十页搜索结果后，突然出现了一个网店的链接，显示该书有一本对应的中文译作，名为《苏联空军志愿队老战士回忆录》，原名《1937-1940 在中国的天空》。我既惊喜又疑惑，惊喜的是：有了中文译作定会省时省事不少；疑惑的是：

我们此前怎会忽略掉这般重要的中文文献资料？

急忙点击进去，翻译者的名字赫然出现——南京中山陵钟山文化研究会的范方镇。迫不及待地拨通了网页上留的联系电话，一位老者应答。正是范方镇本人。突然之间，我就像洪水找到了出口，一股脑儿向他道出了我们正在做的寻访和遇到的种种困难。

范方镇应该是感觉到了我的急迫和激动。听完这番周折，他笑起来，告诉我，这的确是《1937-1940 在中国的天空》中译本，书中集合了幸存的苏联空军志愿队成员回国后撰写的回忆录。但他的译作并未正式出版，在网店上一放，也只为有兴趣者试读，不想真的引来有需要之人。

对于我们的困惑，他承诺第二日一定将书快递到武汉，待我读完后可与他仔细探讨。

放下电话，等待着书籍的到来，我长吁了一口气——这一天是 2013 年 5 月 27 日。

为修复南京航空烈士墓搜集资料 成就了一位苏联空军志愿队研究者

这本《1937-1940 在中国的天空》中会有哪些苏联空军战士的记录？他们有没有参加过武汉的空战，会不会和我们解放公园墓碑上的烈士们认识呢？书里会不会有那些在武汉牺牲的烈士的记载呢？

再等一天，也许这些答案都会揭晓。但稍经考虑，采访组即决定不能守株待兔，还是要主动出击。那么，不如动身前往南京，与这位专家直接交谈吧。

再接我的电话，虽然诧异于我们的急迫，范方镇仍欣然接受第二天见面的请求。

2013 年 5 月 28 日近午时，我坐动车抵达南京。钟山研究会掩映在明孝陵旁的绿林中，难得清静。

出发前，我在钟山研究会的官网上查阅了范方镇的介绍。这位古稀之年的老先生，曾在南京孙中山纪念馆任文史室主任，研究孙中山思想几十年，出版多本专著，在学界德高望重。退休后，他被返聘成为钟山研究会的研究员，如今仍在整理多年的研究成果。

“你来了！哈哈，怎么这么心急啊？”推开一楼深处办公室半掩的门，一位头发斑白的老者戴着眼镜正聚精会神地在电脑前工作，见我进来，他连忙起身，捶捶腰身，张罗着给我倒水。

招呼我在茶几后的长椅坐下，他讲起了自己与那本苏联老战士回忆录的渊源。

早在上世纪 80 年代，他就开始翻译苏联老战士的回忆录，但直至 2011 年底再度修订才最终完成。算起来，译成这部回忆录前后花了 20 年时间。

如此费神费时，他为什么一定要翻译，又是如何坚持下来的呢？我提出了心中的疑问。

“我对苏联空军志愿队的研究，不过是‘旁道’而已。本来是项分配的任务，后来史料收集多了，产生了研究的兴趣，对那些战士也有了特殊的感情。”范方镇说。

上世纪 80 年代，一位空军遗孀从美国归来，前往南京航空烈士公墓寻找当年空战失踪的丈夫。然而，公墓在“十年动乱”中遭到彻底破坏，没有留下任何资料。几经努力，1984 年统战部发文要求南京尽快修复中山陵园境内的航空烈士公墓。中山陵园接到了任务，通晓俄文的范方镇被分配搜集有关航空烈士公墓的资料。

早在 1937 年底南京失陷前，苏联已与南京国民政府达成秘密援助的协议，苏联首批援华空军志愿队战士当年 11 月已抵达南京防空作战。中国国务院新闻办公室策划、五洲传播出版社出版的《胜利的回忆》一书中统计，中国抗日战争期间，来华的苏联志愿飞行员和航空技术人员约数千名。其中，为中国人民的独立自由和解放事业而英勇捐躯的苏联志愿飞行员就多达 236 人，包括轰炸机机群指挥员库里申科和歼击机机群指挥员拉赫曼诺夫等军官。抗战胜利后，国民政府为牺牲的空军烈士修建了烈士公墓，每年清明节举行公祭仪式。

重新搜集资料实属不易。当年历经劫难的老人们口述，确曾有阵亡的苏联空军战士埋葬于此。他们的资料,却无迹可寻。

“当年的战斗要报,简明扼要,寥寥几笔。哪一天战斗,在哪里发生,死伤多少,没有多余的信息,至多有几笔简单的示意图。对苏方的情况,名字翻译不合,种种原因涉及甚少。”范方镇回忆,当年在第二历史档案馆自由查阅时,战事记录不全导致研究常常遇阻。他只能从大量中国空军档案中剥出关于苏联空军志愿者的只言片语。再合着从图书馆中调出的《中国的空军》杂志,连同当年偶有的报道文章,竟也拼接出不少战斗的场景。

“我开始搜集资料的那一年,有四位苏军援华老战士受邀来华访问,他们还到访过南京。”范方镇突然忆起。

“是 1985 年么?”多处文献记载,1985 年,76 岁高龄的布拉格维申斯基中将率领一批参加过中国抗日战争的苏联志愿队战士,来参加中国抗战胜利 40 周年纪念活动。他们一行受到中国政府和中国人民的热情欢迎和款待。当他们到达武汉祭扫苏联志愿队烈士墓时,这些志愿队老战士都流下了泪水,表示这血与火的友谊永存于中苏两国人民之间。

“是的。我后来还为一位叫吴鼎臣的中国空军老战士翻译与他们往来的信件。吴鼎臣就是来自你们湖北的老空军。”

他的回忆与之前我们所了解的吴鼎臣的事迹对上了。吴鼎臣的回忆录中,确实提到了找翻译的事——与苏联战友信件往来,他找到南京中山陵的范方钲和湖北省对外友协的胡冬妮帮助翻译。

吴老提到的“范方钲”是否就是我们眼前的“范方镇”?我们立即向他求证。范方镇确认,没错。

他告诉我们,自己利用空余时间义务担起这个民间交流的信使,每次有苏联老兵来信总会先到达他这里,翻译好了,再从南京寄到武汉。吴鼎臣回信给远方的苏联朋友时,也会首先将信件转到南京,待范方镇翻译成俄文再发到苏联。

“当年那些通信的复印件,我也都还保留在家里的。”

言谈间,范方镇对吴鼎臣流露出深深钦佩。

我们一直在想,在那个只能靠邮政完成通信的年代,在漫长的等待中，两方“笔友”是凭着怎样的信念坚持下去的呢？范方镇一直谦虚地表示自己做的只是些翻译的辅助工作，但看到他脸上的神色，我突然觉得，他与坚持“私人友协”工作的吴鼎臣一样，都有着相同的信念——延续那段秘密的历史。两人虽然是帮助与被帮助的关系，但何尝没有惺惺相惜之情。

范老期待地看向我，问起吴鼎臣的近况。我遗憾地告诉他：吴鼎臣2012年已经过世，同事去吴老生前居住的大垸农场采访时，只见到他的女儿。

听到这里，范老沉默下来，然后吁叹了许久，喃喃地回忆着当年的往事。

图书馆里扒出老战士回忆录

“档案馆中记载的都是些只言片语，要建纪念馆，这些资料完全满足不了还原历史的需要。”范方镇回忆。

要了解苏联援华空军志愿队，最直接的办法就是去苏联资料中寻找。这个显而易见的道理，在当时，却着实难倒了这群搜集史料的人。上世纪80年代，中苏关系虽已开始回温，但地方城市要联络上万里之外的苏联寻求档案资料，仍极不容易。“也罢，史料的研究还是只能关着门进行。”

与苏联通不上话，但俄文书籍资料可以利用。范方镇的办法是查阅南京图书馆的俄文资料目录，一本本筛选查找有用信息。蹲档案馆的劲头又一次发挥到了泡图书馆上。真是功夫不负有心人，竟发现了一本俄文原著。“借出来一看，果然是本苏联空军志愿队幸存老战士的回忆录！”

史料搜集工作骤然取得重大突破，欣喜之情难以言表。为了保存这些珍贵的资料，范方镇决意在还书之前将其译成中文保留下来。短短月余时间，他抢着将译本完成，转成一份价值颇高的参考史料。

2010年，对照原本，借助网友们在航空技术和日文方面的热心帮助，范方镇再一次对译本进行了校阅，完善了注释，“我增加了一些译注，连同原注，都可以很好地帮助你们理解文章和历史”。他提醒我，通过注释，还能找到不少来自俄罗斯的资料。

这本出版于上世纪 70 年代末的回忆录，“总共 17 章，16 位援华苏联空军写了 16 篇关于苏联援华空军志愿队的历史。他们基本都参加过武汉的空战，里面提到一些关于在武汉牺牲的烈士”。

范方镇在电脑上打开电子版的译本，将关于武汉空战的部分指出来。

苏联历史学家楚多捷也夫在第一章用史实讲述了苏联空军战士援华的历史，并特别提到持续了 4 个月的武汉保卫战。

到 1939 年 2 月中旬，在中国工作和参加对日作战的苏联军事人员有 3665 人，正因为有他们的参加，武汉保卫战(1938 年 7 月–10 月)得以坚持四个多月。相比之下，当时的上海保卫战只坚持 3 个月，南京是 5 天，广州只有 1 天。

戴上老花眼镜，范方镇又快速翻到第十五章 В·Д·齐姆良斯基撰写的《为了你，淑英！》，指着第四节内容给我看：

在中国天空中作战的飞行员彼得·菲利波夫 1938 年 8 月在汉口的空战中英勇地牺牲了。当时双方参加空战的飞机共有 160 架战斗机，日本有三倍的优势。在这次战斗中还牺牲了一位我们都很喜爱的战斗机飞行员瓦纽沙·古洛夫……这个飞行员的名字以及其他一些人的名字都用金字刻在武汉的纪念碑上。

“古洛夫是武汉烈士墓碑上的那位么？”在解放公园苏联空军烈士墓上，这位烈士姓名译作“伊凡·尼科诺罗维奇·古罗夫”。

“是的，瓦纽沙·古洛夫就是在武汉解放公园内的苏联空军志愿队烈士墓碑上的第一位，而这位彼得·菲利波夫在俄罗斯提供的供南京航空烈士公墓刻碑的名单中，就漏掉了。”他指着书页下方的译者注，一条条向我解释。

“这就是当年我作对比后的一些新发现。这本回忆录与我们现有的名单,有不少出入,值得好好深入研究。”说到这里,他也不禁感叹:“你们要做的寻访工作将会是一个大工程,必须好好拿出钻研的态度。缺乏资料,语言不通,甚至是翻译的不统一,种种困难会一直出现,会像大山一样横亘在你们寻访的前方。”

范老以多年的研究经验提点我,寻访和研究一样要沉心定气。

此时,我意识到,一座“富矿”就在前方,触手可及;还没有意识到的是,这本老战士回忆录,将成为一本珍贵的指南,在我们此后的赴俄寻访中,指引着我们一步步接近和认识那些援华苏联空军志愿队的战士们。

比对纪念名单　新发现 8 名苏军烈士长眠武汉

范老关掉文档,走到办公室角落的书柜里,从最下层抽出几张泛黄的纸张,依次摆放在桌上。

“这是当年从俄罗斯传来的所有牺牲在中国的苏联空军志愿队战士名录。”

“这是俄语原件”,一边说着,他一边打印给我一份中文翻译件。

“这份名录就是我翻译的,刻在了南京抗日航空烈士纪念碑上。”

拿在手上的几张纸,沉甸甸的。我从武汉出发,寻找的只是 15 位烈士;在南京,却发掘到整段苏联援华作战的历史,还有牺牲在中国的所有苏联空军烈士名单。

范方镇告诉我,南京修复航空烈士公墓时,得到了当时的苏联驻华大使馆及后来的俄罗斯联邦驻华大使馆支持。从上世纪 80 年代末至 90 年代初,苏联和俄罗斯国防部陆续传来了牺牲在中国抗日战场上的 236 位苏联空军烈士名单,其间经历了苏联解体。“无论苏联还是俄罗斯,都很重视这件事。”

范方镇整理了所有传真来的烈士名单,并将其由俄文翻译成中文,镌刻到南京抗日航空纪念馆的纪念碑上。

在武汉牺牲的15位烈士名字也刻在了南京的墓碑上，我决定去看一看。

言谈间,很快到了晌午,我同老先生暂别,马不停蹄地赶到位于紫金山北麓的南京抗日航空纪念馆。

纪念馆于1995年建成,毗邻中山陵园,绿树成荫。这里又被称为国际抗日航空烈士公园。

前夜刚刚下过小雨,雾气笼罩的烈士陵园显得愈发肃穆。抬头望向最高处,抗日航空烈士纪念碑直入云霄。拾级而上,在烈士陵园的最上端,紧紧环绕纪念碑四周的,是30座弧形黑色英名碑,碑上共刻着3304名在抗日战争中牺牲的中国、苏联、美国和韩国的航空烈士英名。

我静静地走到英烈碑前,深深地鞠躬。这里祭奠的每一位烈士,背后都有一段血与泪的历史。

礼毕,顺着石阶往下数级,挺拔的松树后,平整的草坪上,竟有6位功勋卓越的苏联空军志愿队烈士的墓碑——6个写有俄文字体的酒杯旁,工整地摆放着几束鲜花。以伏特加敬献先人,这是俄罗斯的传统啊!显然,最近有俄罗斯友人来拜祭过。没有忘记这些苏军英烈的,不止是中国人。

继续往前走,转到侧边的纪念馆内,展厅内图文并茂地呈现了当年的激烈战况和紧张局势。门口摆放的纪念馆简介上,有一句话引起我的注意：这里迁葬了两名在武汉空战中牺牲的苏联空军志愿队飞行员的遗骸。

当天下午,我继续向范老先生请教。他告诉我,这句话背后又是一段历史。

抗战胜利后,1946年清明节,当时的国民政府决定对航空英烈进行公祭。第一批苏军志愿队成员1937年底抵达南京参战后,南京很快陷落。据记载确有苏联空军队员在空战中牺牲,但抗战胜利后已无法找到他们的遗骸。

“公祭一定要进行,不得已从武汉迁葬了两位烈士过来公祭。但当时的条件有限,两位烈士的身份早已无法核实。”

在武汉牺牲的远不止那 15 位烈士——对于现有历史记载的不完善，第一次，我找到了实证。不待我发问，范方镇直接告诉了我他的研究结果。

“多数苏军烈士牺牲在 1938 年，这一年在武汉保卫战中牺牲的有 17 人。”

1938 年，全面抗战进入第二年。日寇在攻陷上海、南京等地后，向中心城市武汉展开进攻。在保卫武汉的战斗中，前一年年底刚刚抵达中国参加南京空战的苏联空军志愿队，也随即转战武汉，与日寇在武汉的上空进行了数十场战斗。

据俄罗斯公开编号为“386—39”的苏军烈士墓地登记卡显示，“1938 年的武汉空战，苏联空军志愿者有一百多人牺牲。当时的国民党政府把能够搜集到的烈士骸骨都葬在汉口的万国公墓。1956 年武汉市政府决定动迁苏军烈士遗骸至解放公园。历经艰辛终于分出了 15 具苏军遗体”。

这就是现今解放公园苏军纪念碑上的 15 位英烈。我们一下得到了三组数据：百余苏联空军志愿者在 1938 年的武汉空战中牺牲，国家名单称有 17 位苏联空军烈士在武汉保卫战中牺牲，而武汉解放公园苏军墓碑上有 15 人的纪念铭文。究竟有多少苏联空军战士鏖战武汉上空，又有多少埋身汉口呢？

范方镇将武汉的名单对比俄罗斯传来的总名册，两位烈士德米特里·伊万诺维奇·库列申和尼古拉·米哈伊洛维奇·泰列霍夫在当年 8 月空战牺牲后，分别葬于福州和南昌，抗战胜利后迁运到武汉埋葬。

这份总名册还显示，另有 8 位苏联空军志愿者在武汉空战中牺牲，“埋葬地为汉口”。

他们之中，有两位牺牲在“4·29”空战中——1938 年的 4 月 29 日，日军意欲以空袭为天皇生日献礼，不想在汉口上空被中苏飞行员重挫，自此苏军被誉为“正义之剑”。著名的空中英豪陈怀民也于当天遇难。

有 4 位烈士牺牲在 1938 年七八月份的激烈空战中。在范方镇翻译的老战士回忆录中，一位幸存老战士曾回忆，飞行员彼得·谢苗诺维奇·菲利波夫与伊凡·尼科诺罗维奇·古罗夫（武汉苏军烈士纪念碑上年纪最小的战士)，在 1938 年 8 月 3 日的空战中一起牺牲。

武汉沦陷次年即 1939 年，2 名苏联空军战士分别在 8 月和 10 月空袭汉口机场的战役中身亡。

“不过，这份总名册也并不完整。”范方镇表示，武汉解放公园烈士纪念碑上的两位烈士菲利普·杰尼索维奇·古里耶和柯西杨·柯西杨诺维奇·楚里亚科夫，就并不在其中。

根据记载，这两名战士与另一位烈士尼古拉·米哈伊洛维奇·泰列霍夫同时在 1938 年 8 月 12 日的空战牺牲。“但后者的初始埋葬地为南昌，缘何迁葬到武汉，仍需核实。”

“你们的工作很多，很重要。”范方镇说，他研究的是书本上的历史，而我们的任务更沉重，要研究的是历史的真相。

如此庞大的信息量，不断冲击着我对这段历史的认知。此时，范方镇又从抽屉中找出了另一份名册。

“这份名册是当年从同事处获得的，为中文译本，当时也追不出个源头。这份名册有更多的信息。”

在这份辗转而来、无法追溯源头的苏联战士名册中，标明了援华空军战士的家乡和授勋荣誉。遗憾的是，这份名单少了开头几页，并不完整。

“我也是从这里，第一次看到了苏联援华空军志愿队烈士的家乡和授勋荣誉被披露。”

这是一份更详细的战士资料。牺牲在武汉的数位英烈分别被授予红旗勋章和红星勋章。

1918 年设立的红旗勋章是苏联的第一个勋章，授予直接参加战斗并且表现英勇的公民，它是苏联最普遍的勋章。红星勋章授予在国防事业中战功卓越的官兵，于 1930 年设立。

范方镇带着我一页页翻查：15 位苏联空军志愿者中，马尔克·尼古拉耶维奇·马尔琴科夫牺牲后被追授苏联最高荣誉称号“苏联英雄”，并获最高奖章列宁勋章，另有 5 位烈士被分别追授“红旗勋章”和“红星勋章”。他们是来自莫斯科州塞尔普霍夫斯基区上维列米村的伊凡·尼科诺罗维奇·古罗夫；来自楚瓦斯克苏维埃自治共和国巴窦列夫斯基区老塔伊西村的乌拉基米尔·格拉西莫维奇·多尔戈夫；来自亚里恩斯克市的瓦连金·谢尔盖耶维奇·考兹洛夫；来自图尔斯克州契列贝斯克区梅日波尔村的德米特里·巴甫洛维奇·马特维耶夫；来自巴斯基尔苏维埃自治共和国加夫里斯克区塔奔斯克乡的伊凡·伊里奇·斯图卡洛夫。

如果这些信息准确,循着这些烈士的故乡,是不是可以找到烈士们的生活痕迹？他们的亲人是否仍然生活在此,能为我们讲述更多的故事？

天色渐晚,我与范老依依作别。在他这里,我拿到了迄今为止最为翔实的烈士档案：北京航联会转来的俄罗斯提供的烈士总名单及苏联空军志愿者家乡和授勋情况。对照俄文名字,解放公园烈士墓里的 15 位烈士,有 13 位的身份信息得到了初步还原。

不得不说,找到范老,成为我们国内寻访的重大转折点。

离别之时,范老说,现在因为身体原因无法再来汉祭奠苏联英烈了。15 年前，他曾特意拜祭了武汉解放公园里的苏联空军志愿队烈士墓。“那一天,恰有一群少先队员在老师的带领下前来祭扫,他们都戴着红领巾整齐地站在纪念碑前，举手向苏联志愿队烈士们致以少先队员崇高的敬礼。这一幕深深地印在我的记忆中,我深感虽然时光已流逝了 60 多年，但苏联空军志愿队烈士们的崇高功绩永远活在中国人民的心中。”

第五章
到更北的地方去寻找

第一站，得到俄罗斯驻华大使馆支持：每一位烈士都应该有自己的名字

当我们开启寻访之旅，在国内搜集拼接苏联空军志愿队历史印记的同时，也将目光投向了俄罗斯，并致电俄罗斯联邦驻华大使馆发出了咨询请求。

2013 年 5 月 14 日，俄罗斯总统全权代表巴比奇来汉，出席“长江中上游地区和伏尔加河沿岸联邦区地方领导人座谈会”。紧张的访问日程中，有一项是率领代表团前往解放公园为苏军烈士墓敬献花圈，随行的有俄罗斯驻华大使馆官员。

因是高规格外事场合，我们拜托当天采访的时政记者同事帮忙转达采访请求，遗憾未能成功。但这场外事活动给我们增加了信心——这个城市没有忘记这些苏联空军，他们的故乡也没有忘记牺牲在异国他乡的孩子。

他们的任务是寻找确认海外苏军烈士墓

与俄罗斯代表在汉擦肩而过后，我们开始与俄罗斯大使馆直接联络。

一周以后，经过几番电话、邮件和传真往来，大使馆接待员巴尔科夫告诉我，关于武汉解放公园苏联空军志愿队烈士的咨询信件已经以书面形式呈送到有关部门，不久后将会有负责人联络我们。

接到俄罗斯驻华大使馆时任武官卢秋科先生的电话是在一个中午。

他向我做了自我介绍，他是俄罗斯国防部保卫祖国烈士纪念管理局派驻中国的官员。这串长长的头衔实在不好念,却着实让连日等待的我们长吁一口气。

“寻找确定海外烈士的墓碑,是我们的份内事。”卢秋科先生说。

为让我们更好地了解他们的机构和所做的事情,他用微信给我发来了俄罗斯双语杂志《俄罗斯与中国》此前对其局长的采访。阅读这份访谈后,我第一次知道俄罗斯政府和民众有多尊重历史。

每一位烈士都应该有自己的名字——保卫祖国烈士纪念管理局的任务正如其机构名称一样鲜明。

2007 年,当爱沙尼亚拆迁苏联红军纪念碑和墓地,引发两国对抗危机后,俄总统普京签署《永远纪念祖国烈士》法令,保护海外苏军烈士墓。

二战期间,客死异国他乡的苏联红军战士多达 500 余万人,中、东欧地区及中国有两万余处红军墓地,仅在中国就葬有 1.45 万名苏军烈士。俄罗斯已陆续成立 7 个海外办事处,派遣国防部代表,搜寻整理墓地烈士资料。卢秋科向我介绍,2009 年俄罗斯在中国的这一办事处正式成立,两国签订苏军墓地整修协议,已完成多个城市的墓地清理工作。

俄罗斯公开的编号为 386—39 的苏军烈士墓地登记卡显示,2010 年,俄罗斯驻华大使馆、俄国防部军事纪念工作代表与作为地方政府代表的武汉市园林局对解放公园苏军纪念陵园进行了纪念碑核查，确定了 15 位苏军埋葬者信息。

同年,俄罗斯驻华大使馆捐赠 10 万元,与武汉市园林局共同对烈士墓和纪念物进行近 5 个月的维修。目前,这片近 1.8 万平方米的烈士陵园被认定为“状况良好”。

他们的亲人也在寻找

我们向卢秋科提出，希望查阅解放公园纪念碑上 15 位烈士更详细的军事档案。

“烈士的军事档案,你们可以尝试在俄罗斯国防部网页上直接搜索。按照时间推算,当年许多档案现在都已解密。”卢秋科的答复让我们大吃一惊。难道这些我们苦苦找寻的烈士档案信息能就此全部得到?

在翻译的帮助下,我们登录了俄罗斯国防部网站,并找到了以“永不熄灭的圣火”为图标的“纪念册”条栏。点击进去,在搜索框下,告国民书写道,“没有人会遗忘,没有人被遗忘!”这是一个自2006年始建立的数据网站,旨在留存战争中丧失的记忆。

按照网页上的提示,输入烈士的姓名、出生年月,就可以查找战争中失去的亲人信息。我们按捺住欣喜,按照墓碑上的顺序,依次输入烈士名录进行搜索。可是搜索结果显示,没有任何信息。为何没有档案记录呢?我们即刻向卢秋科先生提出了疑问。

他回答,在这个纪念网站上,更多的是从1941年开始的卫国战争档案陈列,往前的苏军援华档案因为曾经的秘密性质,资料不齐全,有的还曾被刻意忽略。不过,他也说,这场曾经的秘密援华抗战的历史早已为世人颂扬,曾经的秘密档案也已拂开尘埃。

“这段上世纪30年代的苏联援华士兵档案,已大部分转移到俄罗斯国立军事档案馆供公开查阅。但俄罗斯的法律限定只让烈士亲属申请查阅,国防部官员的申请也要经过漫长的等待批准程序。”如再加上档案馆搜集资料的时间,卢秋科先生慨叹,史海寻珍需要等待至少数月时间。

这些牺牲在中国的苏联军人,他们的亲人是否也希望在中国找到亲人的战斗痕迹?是否曾向俄罗斯驻华大使馆求助?

卢秋科先生告诉我们,他来到中国两年,从俄罗斯国内接获的寻亲请求,从最初的几月一次日渐增多,累计已有二十多起。他为工作走过了葬有苏联士兵的大部分中国城市,也因此认识了一群多年默默研究这段秘密历史的民间学者,让他在异国对自己祖国有了更多的认识。

每当他接到核实烈士姓名并确定其在中国详细埋葬地点的请求,都会与寻亲的烈士后人保持密切联系。“他们都希望了解自己的先辈在中国的详细故事,如何加入战斗,如何作战,又为何牺牲,曾经发生过什么。”

在中国的墓碑上,烈士们的名字被铭刻和祭奠,而在姓名背后的故事，却大多无从诉说。卢秋科坦承，这部分工作才是最难的。

谈到这里，卢秋科先生突然小心翼翼地问我，在解放公园苏联空军志愿者的埋葬名单中，是否有位名为“马特维耶夫”的烈士？他曾接到一份由俄罗斯国防部辗转发来驻华使馆处的寻亲请求。“我与一位马特维耶夫通过多次邮件，他称自己的祖父牺牲在中国，家族七十多年来都在寻找。”

这个马特维耶夫是不是就是武汉 15 位烈士中的那一位？果真如此，我们的寻访之旅可就出现意料之外的突破了。

我的心中升腾起无限的期待。但一切都必须经过仔细的查阅和核实，马上要出差的卢秋科告知我：需要再等待一周。

确定 15 位烈士的军衔

等待总是煎熬。寻访开始三周了，梳理手上的所有资料，除了从俄方和范方镇处查阅到的墓碑维修资料，我们手头的资料依然十分有限。

1938 年牺牲的他们都很年轻，年纪最小的只有 24 岁，最大的 30 岁出头。

他们来自哪里？他们如何加入援华的战列？他们在中国的天空如何奋勇抗战？

我们心中的疑问接踵而来，历史却从不轻易让人拨开面纱。

一周过去，卢秋科先生传来信息：此马特维耶夫非彼马特维耶夫！我们的意外之喜落空。

不过也有一个好消息：15 位烈士的军衔得以确定。

在这份来自俄罗斯驻华使馆的文件上，15 位在汉牺牲的烈士，依照军衔高低排位。根据军衔统计，15 位苏联空军战士中共有 14 人拥有军衔，其中 6 位拥有上尉军衔，2 位拥有中尉军衔，2 位为二级军事技术人员，1 位初级排长，3 位初级指挥官。

根据苏联的军衔等级制度，次于校级的尉级军衔属于中级指挥官，分为三级尉官军衔即大尉、上尉、中尉，在 1937 年 8 月增设少尉（准尉）

军衔,其后一级为初级指挥员。

位列第一的是菲利普·杰尼索维奇·古里耶,为上尉军衔,他在1938年8月12日的空战中牺牲,时年29岁。

乌拉基米尔·格拉西莫维奇·多尔戈夫、列昂尼德·伊凡诺维奇·斯柯尔尼亚科夫、伊凡·伊里奇·斯图卡洛夫、尼古拉·米哈伊洛维奇·泰列霍夫、柯西杨·柯西杨诺维奇·楚里亚科夫等5位战士也是上尉军官。

曾为我们寻访带来“惊喜”的德米特里·巴甫洛维奇·马特维耶夫及瓦西里·瓦西里耶维奇·别索茨基是中尉军官。

二级军事技术人员是一个技术员序列的称号,两位二级军事技术人员乌拉基米尔·伊凡诺维奇·巴拉莫诺夫、米哈伊尔·德米特里耶维奇·绍什洛夫共同为飞行员提供维修等技术支持。

莫伊塞·伊萨阿科维奇·基吉里什登是一位初级排长,比以下三位初级指挥官的军衔稍高:瓦连金·谢尔盖耶维奇·考兹洛夫、德米特里·费奥法诺维奇·库列申、马尔克·尼古拉耶维奇·马尔琴科夫。

24岁的伊凡·尼科诺罗维奇·古罗夫年龄最小,未有军衔资料显示。

我们离英烈们的故事又近了一步。

2013年6月26日,我们从北京启程前往俄罗斯寻访烈士后裔前,终于与卢秋科相见。他告诉我们自己即将结束中国的工作回到莫斯科,但仍非常乐意为我们在俄罗斯国内解决寻访困难。他还介绍我们认识了即将前来的新任武官达姆李诺夫。

在我们于两个月后再度前往俄罗斯寻访时,达姆李诺夫在驻华大使馆接见了我们,并提供了几份详细的俄语资料,其中一份资料详细记录了所有牺牲在中国的苏联空军志愿队烈士的故乡,详细程度具体到苏联的加盟共和国和村庄名,大部分烈士的牺牲原因也得以明确。比照可知,这应是南京范方镇先生那份无法确认来源的中文档案资料的俄文原版资料。

两位驻华武官为我们提供了迄今最权威和最翔实的烈士档案资料,也给我们前往俄罗斯寻访增加了新的信心——到俄罗斯去,到这些烈士成长的地方,才能找到所有的答案。

"他们是离上帝最近的人！"我至今依然记得卢秋科先生说，当年那些国家英雄为理想献身，而今他最敬佩的一位将军也是飞行员，"他们都有着最健壮的体格和最远大的理想"。他希望自己年幼的儿子长大后能成为一名飞行员，因为这是他们这个国家和民族最令人自豪的职业。

第二站，中国驻俄罗斯前副武官王常福回忆苏联老战士：他们是两国友好的"春燕"

5 月底南京一行，"北京航空联谊会"再次引起我的注意。这个机构数十年来一直是中俄老战士间沟通的桥梁。经其努力，苏联援华牺牲总名单由范方镇老先生翻译后到达南京抗日航空纪念馆；更早些，它接替武汉的空军老战士吴鼎臣与苏联战友维系着两国的传统友谊。

在那次的行程中，我实地探访了南京抗日航空纪念馆，并由此获知了南京航空联谊会前会长王健的联络方式。当我致电这位老先生说明来意时，他立即告诉我 1985 年苏联老战士中国之行的南京站正是他接待的，并告知了北京航联会的联系方式。由此，我们终于联系上北京航空联谊会的副会长孙维韬和秘书长郭小昆。

6 月 17 日，孙维韬副会长在电话中接受了我的采访。他确认当年修葺南京抗日航空纪念馆时，苏联及俄罗斯老战士委员会经俄罗斯国防部传来一份在华牺牲的 236 人苏联空军志愿者名单——居中联络、促成这份珍贵历史名单形成的，正是北京航空联谊会。

2005 年，为纪念中国抗日战争暨世界反法西斯战争胜利 60 周年，北京航空联谊会组织出版了《中苏美空军抗日空战纪实》。而从这本书摘选的千余张苏联空军援华战士老照片被汇集成册——《胜利的回忆》，成为国家主席胡锦涛访问俄罗斯带去的礼物。

"这本书披露了苏联援华空军志愿者大量鲜为人知的史料。"孙维韬告诉我，这其中就有武汉解放公园烈士墓碑上的"苏联英雄"马尔克·尼古拉耶维奇·马尔琴科夫的照片和档案资料——听到这里，我大为振奋：很快可以见到这位苏联英雄的真容了。

6 月 25 日,我在北京再度致电孙维韬副会长。他正出差在外,不过将相关参考资料和出版书籍留给了秘书长郭小昆。

郭小昆在其家中接待了我们,她告诉我们,协会的另一位秘书长对苏联空军志愿队的情况很有了解,当天也约来一道交谈。这会是谁呢?

我们刚一坐定,一位老者敲门来访,郭小昆立即起身介绍,这是王常福,曾担任中国驻苏联副武官。听到这个名字,我激动起来——前期搜寻资料时,曾见过一张苏联空军老战士参加中国驻俄罗斯大使馆国庆晚宴的照片,照片上与老战士们交谈的正是王常福武官。

王常福回忆起那张流传甚广的合影:那是上世纪 90 年代初他离任回国前一年的国庆招待会上,当年的援华老战士普希金、伊万诺夫等齐聚一堂,身披戎装,举杯庆贺。

“30 年的外交生涯,最大的收获之一就是认识了这样一群诚恳热情的老战士。”提起这段往事,他倍感怀念。

无论两国关系冷热 老战士对中国的感情总自然流露

上世纪 80 年代开始,王常福在苏联及后来的俄罗斯担任了两任副武官。在莫斯科 8 年的时间里,两国关系从平淡逐渐恢复正常。外交官的工作犹如放大镜,他能敏感地体悟到个中咸淡。但总有一群老战士始终如一地向他张开热情的怀抱。

王常福首次去莫斯科任职,是在 1983 年。彼时两国关系并不紧密。聚集了百余家大使馆的首都,外交官们聚会总不停歇。招待会上见面时,安全官员虽在明处,老战士们却从不回避,“特别是友协组织的活动,一有招呼,老战士就会来”。

见面次数多了,王常福曾悄悄“提醒”老战士们。这些抗战英雄们却骄傲地回答——中国的抗日战争也是对我们的保卫战,中国是我们的第二故乡;为恢复两国的友谊,我们要做报春之燕。

来中国打过仗的老战士们,喜欢中国的茶叶和啤酒。隔不多久,王常福就会亲自将来自中国的礼物送到他们家中。来往多了,连安全官员都会大声通报:“王常福又来了。”

王常福再度去莫斯科任职副武官,已是上世纪 90 年代初,大环境的变化让他们对交往再无禁忌。老战士们常常邀请王常福去郊区别墅小聚,开工作会议也会叫上他。听一听,叙个旧,回忆在中国战斗的青春岁月,好不惬意。

“来中国打仗其实是‘相互援助’”

“与老战士们聚会,话题当然离不开中国,离不开他们在中国抗战的日子。”王常福向我们回忆,这些老战士们总是不厌其烦、一遍又一遍,回想畅谈当年在中国经历的一切。

“他们有的才从西班牙战场上撤回来,有的已经在军队中完成多项出色的任务,即便是刚从航校结业的也都有优异的毕业成绩。”王常福仍记得这些来自苏联广袤疆土的战士们,自豪地谈他们“主动申请”来华参加战斗的初衷,他们都坚定地说——去完成国际主义任务,去帮助那里受难的人民。

当然,这些技艺超群的飞行员们,最自豪的回忆是在空中展翅。

年近九旬的布拉格维申斯基当年在汉口曾担任轰炸机队的大队长,这位战功显赫的空军志愿者获得了苏联英雄称号——在 2000 多位援华空军志愿者中只有 14 人获得这一荣誉,可他最津津乐道的却是队员古边科驾驶战机冲向日机且奇迹生还的事迹。

1938 年,日本对武汉两次大空袭失败后,发起了“5·31”空战。当天下午 2 时许,日机进犯武汉,苏联飞行员紧急迎战,在这场只持续了半个小时的战斗中,古边科一气打下两架战机。更让人惊叹的是,他驾驶着炮弹耗尽且受损的飞机,面对敌机“竟迎面冲了上去”,断翼敌机坠落,他驾驶着摇摇晃晃的飞机安全归来。

让这些飞行员更惊讶的是,汉口上空在进行激烈的空战,地面上的民众却并不“害怕”日机轰炸,反而离开防空洞观战。有些时候,当他们驾着战机胜利而归,在城市的上空低低划过,竟看见矮矮的楼房高处站着不少的民众，仰着头，齐齐望向上空。

“听到这样的故事，我也很诧异，于是去翻阅资料，还真的有历史记载，郭沫若就写到过这个场景。”

王常福还告诉我们，虽然是秘密援华，这支被当时报刊称为“正义之剑”的战斗部队，在民间却是“公开的秘密”，受到民众极高的赞誉和爱戴，老战士们对此也念念不忘。

打了胜仗，百姓们送来鸡蛋和水果，怎么办？“老百姓都是真心的，不收会不高兴。”老战士们军纪严明，可有时候也得破破例。

中队长普希金则常常谈起村民的救命之恩。那也是一场在汉口上空进行的空战，激烈搏斗中，他的飞机中弹下坠，惊险降落。当地老百姓把他救了出来，村长也来了，款待一番，领着他骑着毛驴，换乘了汽车，安全回到部队。

听着王常福深情地回忆着那些远在异国的老友们，点点滴滴的细节生动而真实。这些都是曾屡屡出现在老战士回忆录中的英雄和事迹啊！忽然之间，我觉得自己与这些苦苦寻访的战士们接近了不少——他们不会湮没在历史长河中，他们依然是我们身边被牢牢记住的英雄。

“他们从来都不说自己是救世主。在他们看来，来中国打仗援助，更应该被看成是‘相互援助’。德国迹象日显，卫国战争即将到来，中国在东方牵制轴心国日本，苏联才得以抽调远东兵力支援西部战区。”王常福还记得一位老战士曾这样说：中国是我们的第二故乡，我们是半个中国人。

王常福离开莫斯科不久后，老友伊万诺夫电报告知了布拉格维申斯基离世的噩耗，另一位老战士普希金也在 2002 年 4 月 15 日去世，享年 87 岁。

1985 年，4 位俄罗斯老战士访问中国，来到武汉拜祭牺牲战友时，意外与吴鼎臣相认，此后一直维系着友谊。如今，这两位已经离世，参加过武汉空战的弗道洛夫是否仍在世？能否联系上他们谈谈当年的情况呢？

王常福老先生爽快地答应我们，当晚回去即给伊万诺夫打去越洋电话。他告诉我们，伊万诺夫如今是俄罗斯老战士委员会中国分委会的负责人，他应该可以给我们在俄罗斯的寻访之旅提供帮助。

第二部分

英灵在拨动着音弦

第六章
在莫斯科找到武汉的“万国公墓”苏军烈士墓照片

国内寻访告一段落，2013年6月，从武汉出发，由北京启程，飞越乌拉尔山脉，我们朝着6400公里开外的莫斯科前进。奔赴俄罗斯的寻访之旅已经开始，援华苏军烈士的故乡就在前方，时隔75年，我们追溯当年战士们来华的足迹而行。

寻访前景充满着不确定，正如70多年前这批苏联志愿队员来华援助中国人民抗战时一样。

不同的是，我们面临的最坏结果是空手而归，他们最初的旅程就已充满凶险。

研究这段历史的苏联历史学家楚多捷也夫曾在一篇文章中这样再现当年的那段航程：“开始向中国飞行了，飞行常常要冒生命危险，这是对我们飞行员的意志和勇敢的考验。航线要经过中国西北荒芜人烟、多山的地区，中间站机场根本不能停像СБ(苏联空军志愿队援华抗战时使用的一种轰炸机型)这样沉重的飞机，中间站之间完全没有联系，没有气象情报，我们的飞机按航线飞行，机上载有人和弹药，任何一点最微小的失误都会导致严重的后果。”

苏联英雄、退伍空军上将Φ·П·波留宁在《国际主义的义务》中也记述了这段路途的艰险：

在我离开中国的三年中，航线没有一点变化，既没有航行保障，又没有天气保障，只能靠自己，靠自己的经验。我召集了全体机组人员，告诉他们几个备用的降落机场，万一暴风雪迫使我们不能飞到原定的机场的话，“要做好单独飞行的准备！”——这就是给各个分队长的指令。

飞行在山的上空还是比较平静的，但是后来正如伊辛科警告的那样，我们陷入了忙乱之中，我全身都紧张起来了。成团的雪块打在玻璃上，飞机在天空中被抛得左右摇晃，暴风雪立刻就使我们彼此失去了联系，每个人只好自己冒着危险单独行动。飞机上依然和从前一样没有无线电设备，到底和大自然搏斗了多久很难说，但当时似乎感到是永无止境的了。飞机当然就像在暴风雨的海中航船一样被打散了，但它们都只是朝着乌鲁木齐的方向集中。

一架接着一架着陆了，我走在机场上还以为是在飞机里。上帝保佑，人都齐了，当时我就产生这样一种坚定的信念：既然我们能经受得住这样困难的考验，那就什么也不可怕了。

2013 年 6 月 27 日晚 9 时许，经过近 8 小时的旅程，我们乘坐的飞机在莫斯科谢列梅捷沃国际机场平稳落地的那一刻，机舱里响起一阵长久的掌声。这是俄罗斯人在用特有的方式庆祝安全抵达目的地。热烈的气氛让我们也不禁加入鼓掌的行列——这一阵振奋人心的掌声，也拉开了我们在俄寻访烈士后裔报道的序幕。

晚霞依然明艳，微风却有丝丝凉意，这是莫斯科一年中最好的季节。

我们寻访的第一站，是俄罗斯老战士委员会。

在国内寻访的日子，从武汉到南京，再到北京，“俄罗斯老战士委员会”的名号总是在关键时刻出现。它曾帮助中国搜集在华抗日牺牲的苏联烈士名单；它是两国关系平淡时向中国外交官伸出友谊之手的“报春燕”；它还多次促成苏联援华老战士后裔访华重温前辈足迹。

离京之前，北京航空联谊会秘书长、曾任中国驻俄罗斯大使馆副武官的王常福，为我们联络上了俄中友好协会副主席、全俄老战士委员会中国分委会主席瓦西里·伊万诺维奇·伊万诺夫老先生。

伊万诺夫已 92 岁高龄，当时是对日作战苏军老战士委员会的负责人，一直是中俄老战士交往的纽带。

从行前的越洋电话中了解我们的来意后，他即刻应承为我们引导异国的寻访之路，并邀请我们抵达莫斯科后前往做客。

由于签证限制，怀揣着烈士名录和简约档案资料的我们，此行在俄罗斯境内只能停留 14 天,而寻访前景,还十分茫然。

伊万诺夫说:苏军援华飞行员均已离世

6 月 28 日清晨,赶了个早,我们拿着地图,搭乘地铁前往伊万诺夫家。

莫斯科的地铁线路图就像一个散发光芒的太阳,中间一个环线大圈,由中心向外发散着射线轨道。进入地铁站,几乎都要搭乘一段长长的向下延伸的电梯——目测来看,一般都有数十米深。这里的第一条地铁在 1935 年开通,正是国际局势诡谲之时,战争的阴影正全面铺开,据称地铁的修建正是战备所需。进入地铁站,我们被深深地震撼——这不愧是享有地下艺术殿堂美誉的"博物馆"。各异的浮雕、雕刻和壁画,生动地展现着一位位气宇轩昂的战斗英雄,颂扬着他们保家卫国的丰功伟绩,彰显着这个战斗民族的刚强与血性。

地铁列车都有些年代,轰轰隆隆,车上的人们大多拿一本小书静静阅读。

在莫斯科西部的博列扎耶夫斯卡娅地铁站,我们下了车。从深深的地底爬升上来,往前不远进入一片寻常的居民区,砖墙楼房暗灰。电梯间窄小,只容得下 3 位乘客。3 楼走廊深处的三居室,正是伊万诺夫的家。

70 多岁的王常福老先生曾告诉我,上世纪 90 年代他卸任中国驻俄副武官时,正是在这里,与老战士们作最后的告别。

20 多年过去了,当我们带着寻访苏军烈士后裔的心愿来此,历史的轮回与承接,让我们深感沉重。

"欢迎你们,欢迎来到俄罗斯!"

推开裹着皮套的外门,伊万诺夫的声音格外兴奋,像等到了期盼许久的老朋友,将我们迎进了客厅。

这位独居老人,思维记忆仍十分清晰。一眼望去,他的家中满满都是来自中国的记忆。中国的刺绣,中国山水画,中国女战士布偶……但最

苏联飞行员烈士墓典礼现场

1951年11月27日，中共中央中南局、武汉市委机关、多个民主党派和人民团体，在汉口万国公墓举行苏联空军志愿队烈士墓奠基典礼。中南军政委员会副主席张难先(右十)、中南局秘书长张执一(右四)、武汉市市长吴德峰(右一)参加典礼。

1951 年，中共中央中南局在万国公墓建成的苏联空军志愿队烈士纪念碑(上图)与墓碑(下图)。

中南军政委员会副主席张难先在典礼上致辞

国际友人参加苏联飞行员烈士墓典礼

多的还是他佩戴着勋章，与俄中两国领导人在不同场合、不同年代的合影纪念。

“这些都是中国朋友送给我的”，老人开心地指着墙上的字画。趁此机会，我们送给他一提中国红茶——出发前，老人另一位中俄友协的老朋友、中共早期领导人李范五之子李多力告诉我们，伊万诺夫在华工作多年，这是他的最爱。表达谢意后，他领着我们观看墙上的纪念照，而他尤为自豪的是，“这些年来，俄罗斯和中国的最高领导人几乎每年都会在重要的纪念日接见我们这些老兵”。

伊万诺夫说的“这些老兵”，正是如今的老战士委员会成员、当年参加援华抗日战争的幸存战士们。他告诉我们，从军校毕业后，自己直接参加了卫国战争，并于 1945 年来到了远东抗日战场，开始与中国结缘。

1944 年初，伊万诺夫已经是在苏德战场上经历了严酷考验的一名战斗英雄，时任白俄罗斯第三方面军参谋部作战参谋。他在哈巴罗夫斯克结识了被编入苏联远东红旗军 88 旅的中国抗联战士，其中包括周保中、李兆麟等一批抗联名将，并与他们结下了深厚的友谊。

1945 年 3 月，伊万诺夫曾作为苏联红军总参谋部军官小组成员担任 88 旅的教官，这段经历让他一生致力于东北抗日联军历史资料的收搜、整理。他经常给抗联战士讲述他与德军进行游击战的实战经验。“每次到 88 旅，我都被中国战友们杀敌报国的高昂情绪所感染。他们的爱国激情令苏联红军肃然起敬。”

他参与编写的抗日战争史册《在中国土地上沉睡的梦》已多次再版，详细梳理了长眠在中国的红军烈士墓。信息资料来自那些幸存回国的战友及墓碑所在地政府的支持。他花几十年时间撰写的回忆录《战斗在敌后——苏联远东红旗军 88 步兵旅的真实历史》也于 2012 年出了中文版。谈到这里，他特地将已经写好寄语的中译本送给我们。

“反法西斯东线战场，对俄罗斯人来说，也是一段惨痛的历史。”

战争结束后，伊万诺夫开始了长达 30 年的外交生涯。在上世纪 70 年代，他曾作为苏联武官来华工作 5 年。回国后不久，他从陆军退役加入了苏联老战士委员会，负责远东抗日老战士的联络。其时，参加过援华空军志愿队的飞行员普希金，正是援华抗日老战士组织的负责人。

“您和普希金一起来华访问，还到访过武汉吧？”我问。

1985年，伊万诺夫随同三位当年的苏联空军志愿队成员布拉格维申斯基、普希金和费道洛夫，来华参加了中国抗战胜利40周年的纪念活动。正是在这次，他们与当年的中国空军战友吴鼎臣相聚。

“是的，我还记得吴鼎臣。”伊万诺夫不知道吴鼎臣已于97岁过世。我们将长江日报此前的报道展示给他。他仔细地看着吴鼎臣的老照片，分辨着老战友的中文名字，甚为留恋。

1938年在武汉，布拉格维申斯基、普希金都先后担任轰炸机分队的队长。伊万诺夫回忆，他们之间谈论最多的就是当年在武汉上空战斗的日子。最年轻的费道洛夫，1939年来华担任苏联空军志愿队的政委，与库里申科成为战友。

伊万诺夫记得，2000年来华时，为纪念战友库里申科，费道洛夫邀请他与自己一起从武汉乘坐飞机前往重庆。

“这位老飞行员不愿独自一人飞去重庆。飞机上，他一路都闭着眼。这一路都有关于牺牲战友的沉痛记忆。”

两年后，最后一位苏联援华空军志愿者费道洛夫也以92岁的高龄在莫斯科去世。

普希金中将去世后，伊万诺夫接替了全俄老战士委员会中国分委会主席一职。作为退役军人的联络点，老战士委员会的分部现已遍布俄罗斯各地，退役军人们通过这个组织延续着战争中结成的友谊。

数十年来，每逢中俄两国举行抗战纪念活动，总能见到伊万诺夫的身影，他组织推荐了一批又一批中俄老战士互访交流。

找到1951年烈士墓典礼照片，仅7位苏联烈士留名

“我找到了武汉的老照片！”交流中，伊万诺夫突然格外兴奋地说，并从桌前翻出一卷泛着黄边的黑白老照片递给我们。

这叠照片颇有些年代了，已有些黄渍，整整14张。

第一张照片的横幅上，清晰而醒目的繁体中文写着“苏联飞行员烈士墓典礼”。

伊万诺夫说，我们到访前一天的晚上，他突然想起，当年曾有位朋友送来一份武汉的照片，“大概有五六十年了吧”。他记不起当年的这位朋友，但就在书格的最里头，他竟翻找到了这叠卷起的照片。

指着照片上的“苏联”字样，伊万诺夫说他能够辨认些许汉字，特别是一些军事术语。

数十年的卷曲，照片铺陈不开，黑白的颜色却并未淡去。为了让我们看得更舒展，他执意从墙上的勋章相框中，取下玻璃压平这叠老照片。

翻看照片的背后，其中一张上有几行用黑色墨笔手写的俄文——“给伊万诺夫，这是武汉为苏联飞行员修建墓碑的照片”，落款人是“洛和林”，时间在上世纪50年代。

这叠照片中，有一批领导模样的人，手持讲稿低头默哀，身后站立着几十位同样别着白色胸牌的人士。从中可以清晰辨认出几位苏联代表。汉口解放公园的苏军纪念墓碑于1956年落成，再早些时候还有苏军烈士纪念碑吗？

回国后再翻故纸堆，找到这样一篇新闻。《长江日报》1951年11月28日头版《武汉市苏联飞行员烈士墓昨隆重举行奠基典礼》报道：“武汉解放后，人民政府即将烈士墓重新修建，并另择地点筹建纪念碑。烈士墓已于十月修建完竣，并于二十七日隆重举行奠基典礼。参加典礼的有中南军政委员会张难先副主席、张执一秘书长、武汉市人民政府吴德峰市长、第四野战军政治部组织部梁必业部长、苏联友人代表布里杜里斯基……”与照片场景高度吻合。

我们此前在武汉并没有找到相关照片。手头这叠照片，终于填补了这一空白。

这叠摄于上世纪五十年代的照片，究竟是在哪里进行祭奠？

仔细辨认照片，当年的墓碑有三块。在鲜花簇拥的墓碑前，苏共党旗格外显眼。主碑的顶端镶刻着苏联空军的标识，悼念着“在1938年为解放中国而与日本侵略者作战中英勇牺牲的苏联空军英雄们永垂不朽”。

有两座墓碑上雕着苏联空军烈士名单。俄文在上，中文在下，工整记录着 15 位英烈的姓名和牺牲日期。

根据牺牲的日期，烈士名字依次排开。第一块墓碑上牺牲的烈士为 1938 年上半年牺牲，7 位烈士中有 4 位是牺牲在 2 月份激烈的空战中。

另一块墓碑上纪念的则是在 7 月和 8 月牺牲的空军志愿者。

不过，这 15 位烈士的姓名并不精确。俄语姓名由名、父称和姓构成。在这两块墓碑上，7 位有明确名号的英烈，只刻上了部分姓名；另外8 位烈士则并未辨认出身份，而是被冠以“无名英雄”之称。

对照解放公园苏军纪念碑上的名单及牺牲日期，这 7 位苏军烈士的身份与我们已经掌握的资料也有出入。

根据记载，1938 年武汉空战，苏联空军志愿者有一百多人牺牲。当时的国民党政府把能够搜集到的烈士骸骨都葬在汉口的万国公墓。1956 年武汉市政府决定动迁苏军烈士遗骸至解放公园，历经艰辛终于分出了 15 具苏军遗体。

那么，这些出入代表着什么？上世纪 50 年代的遗骸转移分辨，是否完整而准确地确定了烈士身份呢？

这依然是一场未完成的纪念。

“这两位的后人与我有联系”

伊万诺夫向我们展示了一份他收藏许久的资料——1938 年 3 月 9 日出版的苏联《真理报》缩印件。当天的头版，通篇刊登着苏联红军战士姓名，密密麻麻难以辨认。其上醒目地写着：“这些士兵将完成特定的秘密任务”。

当年这段秘密历史，大多数俄罗斯人并不知晓。伊万诺夫感叹，在俄罗斯这个对战争英雄倍加推崇的国家，这段尘封的历史即便已解封，完整还原仍十分困难，更无从谈起类似卫国战争一样的专题纪念。

而在我们看来，伊万诺夫最珍贵的资料，恐怕是那本由他搜集整理、手工制作的战士名录本，上千张参战红军战士的黑白照片配着完整的姓名,还有当年的战争报道摘要。

我们欣喜若狂:这是一份独一无二的资料——资料本上,每一页的正面贴满了幸存战士归国后亲自提供的照片,反面的空白留来展示阵亡烈士,但只有少数几张的背后贴上了照片。

完整翻看“大红本”后,我们请翻译对照武汉纪念碑上的俄语名字寻找对应的战士图片。

遗憾的是,关于苏联援华空军志愿队,这里只有从中国战场上光荣回国的战士照片,烈士照片一张都没有。伊万诺夫告诉我们,他一直为完善资料作努力,但“那些牺牲长眠在中国土地上的苏联烈士,很难搜集信息”。

伊万诺夫从陆军退役后就加入了苏联老战士委员会,负责远东抗日老战士的联络。也正是从这个时期开始,他留心搜集战争资料。“战争结束不久,战士们直接提供了自己和战友的信息。牺牲的烈士,结合国防部的名单,辗转到家属也能完善不少空白。”

“这是伊凡·尼科诺罗维奇·古罗夫和列昂尼德·伊凡诺维奇·斯柯尔尼亚科夫吗?”伊万诺夫拿着我们的武汉名单问。他的下一句令我们震惊——“这两位的后人,与我有联系。”他在大红本中一页页翻过,定格在两张早已泛黄的军装照上,这两张照片正是伊凡和列昂尼德。

伊万诺夫短短的这句话,成为我们苏军烈士后裔寻访的首个重大突破。

加琳娜·弗拉基米罗夫娜·波什金娜是烈士伊凡·尼科诺罗维奇·古罗夫的外甥女。在汉口解放公园苏联空军志愿队烈士墓中,年纪最小的烈士就是年仅24岁的大士伊凡。1938年8月3日,40架中苏战机迎战120架日本飞机,激战中伊凡不幸遇难牺牲。伊万诺夫介绍,波什金娜至今仍居住在伊凡的家乡——莫斯科州城市波多利斯克。

尤里·列昂尼多维奇·斯柯尔尼亚科夫是烈士列昂尼德·伊凡诺维奇·斯柯尔尼亚科夫的儿子。29岁的上尉列昂尼德在1938年8月17日去世。伊万诺夫介绍,其子尤里也居住在莫斯科的近郊城市巴拉希哈。

伊万诺夫告诉我们,这两位烈士后裔多年来与老战士委员会联系紧密，常受邀参加反法西斯胜利纪念活动。2005 年 8 月底，他们随同近百名苏联老战士后代来华参加纪念中国人民抗日战争暨世界反法西斯战争胜利 60 周年的系列活动。其时，他们还与来自 22 个国家的 200 名二战老兵共同签署了《北京和平宣言》。

也正是这一次来华，波什金娜和尤里受邀来到武汉解放公园拜祭父辈。

不过，对于武汉墓碑上另外 13 位苏联空军志愿者，伊万诺夫表示其信息资料难以完整搜集，烈士的生平极难还原。

他向我们解释，上世纪 30 年代苏联对中国的援助属于秘密的国际主义行动，国防部档案多年尘封，经年的埋藏已让多数历史档案缺失。“向档案馆寻找是一种途径，寻找亲人是另一种途径。”但 75 年过去，俄罗斯城市发展变迁，烈士后代也随时代迁移，往年的资料不再可靠。“循迹核实历史资料，寻找烈士亲属，这是了解烈士、记住历史的最佳途径，也是寻访工作最难的部分。”

“这段历史不应该被遗忘，两个国家的后代都应该深刻了解过去的岁月。”伊万诺夫希望自己的工作能被年轻一代传承，让历史记忆鲜活地传递给后辈。

告别前，他特地送给我们一扎橙黑相间的圣乔治丝带，叮嘱在 9 月 3 日抗日战争胜利日这天佩戴，一起悼念为和平捐躯的烈士。

寻访次年，伊万诺夫去世

这是我们第一次见到伊万诺夫。接下来的寻访之旅，听闻我们有了新的收获，他总是十分高兴；当我们遇上困难，他会主动伸出援手想方设法帮我们清除障碍。在 2013 年 8 月的第二次寻访中，我们又再次拜会了伊万诺夫老先生，他临别前的鼓励至今依然萦绕在我们耳边。

2014 年 9 月 7 日，我们在中国得到消息，俄中友协副主席、全俄老战士委员会中国分委会主席瓦西里·伊万诺维奇·伊万诺夫因脑溢血在莫斯科去世，享年 93 岁。

此时距离我们在俄罗斯拜访他已整整一年。我们仍记得临别时与他约定,来年他到武汉参加“武汉空战与苏联空军志愿队”专题展。他说要亲自前来赠送意外找到的 1951 年武汉苏军纪念碑建成的那批珍贵老照片,“这是武汉来的,要回到你们武汉去!”

正是在伊万诺夫等中俄友好使者的大力支持和帮助下,我们与俄罗斯卫国战争纪念馆取得了联系,开始推动中俄两国互动联展。2014 年 6 月 19 日,俄罗斯卫国战争纪念馆主办的“卫国战争的爆发——纪念世界反法西斯战争胜利 69 周年”在武汉开展。而由长江日报社与武汉市文新广局(2015 年更名为市文化局)联合俄罗斯卫国战争纪念馆共同举办的中国“武汉抗战”纪念展则于同年 9 月 3 日在莫斯科开幕。

中国共产党早期领导人李范五之子李多力是伊万诺夫的老朋友。他告诉我们,2014 年 7 月,伊万诺夫对他表示,想把手头那组苏军纪念碑建成的珍贵照片尽快捐赠给武汉人民,并拜托他将老照片带回北京。但不久后,伊万诺夫便因病发住院,莫斯科的展览未能成行,捐赠的心愿也成了遗愿。

逝者如斯,思念如雨。伊万诺夫老先生的离世让我们伤痛,正是循着他提供的线索,我们不仅找到了两位苏联空军志愿队烈士后裔,也对这段历史有了更多的理解。

75 年来,老先生坚守着那份记忆,不只为了自己,更为了那些同样带着国际主义热情来到中国的战友们,他的那本手工的红色“历史书”就是最完整的历史印记。

我时常会忆起老先生一手拄着拐杖、一手从书架中抽出“大红本”的情景。他笃定地看着我们,将大红本一把推到我们的面前,颤颤巍巍地翻开,那一页页的空白纸上,工整地粘贴着一张张战士们的黑白相片……

“这是他还来不及交代出去的遗产”,李多力告诉我,老先生骤然离世,虽然来不及将这本历史书转赠,却仍未忘在扉页写上交予“继任者”俄中友协。

对于这位长期为发展中俄友好做出重大贡献的老人,中国人民对外友好协会授予其“人民友好使者”的称号。

“这段历史不应该被遗忘，两个国家的后代都应该深刻了解过去的岁月。”我们希望能尽早还原这段历史，让伊万诺夫老先生的遗志传承下去。

第七章

列昂尼德·伊凡诺维奇·斯柯尔尼亚科夫：他有一双“金色的手”，曾从武汉给妻子寄回大衣和手表

苏联空军志愿队成员列昂尼德·伊凡诺维奇·斯柯尔尼亚科夫（简称：列昂尼德）在武汉解放公园苏联空军志愿队烈士墓碑上排名第10位，于1938年8月17日去世，年仅29岁，军衔上尉。在俄中友好协会副主席、全俄老战士委员会中国分委会主席伊万诺夫提供的后裔联络信息中，其子尤里·列昂尼多维奇·斯柯尔尼亚科夫（简称：尤里）居住在莫斯科的近郊城市巴拉希哈。

我们前往伊万诺夫家拜访是在2013年6月28日，那个下午，我们拨通了尤里·列昂尼多维奇·斯柯尔尼亚科夫的手机。

电话中嘟嘟的铃声，犹如我们咚咚起伏的心跳，一想到马上就要与一直苦苦寻找的烈士后裔第一次直接对话，满是激动，更有忐忑。尤里的手机很快有了应答。

“您好，我是尤里·列昂尼多维奇·斯柯尔尼亚科夫！”电话那头的声音有些苍老却很坚定。

互致问候后，我们立即表明来自中国武汉。“哦，你们从武汉来的？”他的声音掩不住激动。还未等我们开口提见面，尤里就主动邀请我们去家里做客，“到我家里来看看父亲从中国寄回来的东西吧！”

保存了这么多年的纪念品，会是什么呢？

尤里当天仍要上班，不便谈论太多，他承诺将尽快再联络我们确定见面时间。这段短短的通话，给我们留下深深的期待。

与外交官夫人的约会，迎来一位“不速之客”

与尤里通话的这个下午，我们意外接到了历史学家、前外交官夫人莎罗诺娃·维克多莉亚·根纳季耶夫娜的电话，她邀请我们周一前往俄罗斯卫国战争纪念馆。

5 月我们初启寻访时，从翻译张鸿彦处听说有一位研究中俄历史的外交官夫人来武汉大学俄语系讲学，她多次来汉，每次都会去解放公园为苏联空军烈士扫墓——这一特别的举动引起了我们的注意。5 月 16 日晚，我们到武大俄语系会议室旁听了莎罗诺娃夫人的讲课。

莎罗诺娃夫人曾跟随丈夫、俄罗斯驻沪前总领事亚历山大·亚历山德罗维奇·沙罗诺夫在上海整整生活了 5 年。她本人是俄罗斯科学院社会科学情报研究所的高级研究员，除在大学任教，也参与了许多博物馆的研究工作。如今虽然已回到俄罗斯生活，莎罗诺娃夫人对中国仍念念不忘，经常往返于两国间致力于俄语学习的推广，这一次她到访武汉讲学的主题也在于此。

当晚等待莎罗诺娃夫人讲完课后，在翻译张鸿彦的帮助下，我们递上了名片和资料。听说我们正在搜集在汉牺牲苏联英烈的资料，她即刻表示自己也对这方面有很强的兴趣，欣然接受了请求，将为我们联络俄罗斯的相关部门。

现在，我们终于抵达俄罗斯，莎罗诺娃夫人也如约为我们引荐了俄罗斯卫国战争纪念馆的负责人。

2013 年 7 月 1 日一早，在莎罗诺娃夫人的引领下，我们来到了俄罗斯卫国战争纪念馆。在胜利广场，馆方为迎接来俄寻找苏联烈士的中国客人，“特地请来几位烈士后裔”。

穿过纪念馆开阔而肃穆的前厅，刚一步入底层的会议室，我们就认出几天前见过的伊万诺夫老先生，他热情地伸出双臂拥抱我们，“原来他们说的中国客人是你们啊！”严肃的会议气氛顿时活跃起来。在馆方致欢迎辞后，我们开始了自我介绍。语毕，在座的一位老者微笑着挥手致意，紧接着起身向我们伸出双手。“这是烈士列昂尼德·伊凡诺维奇·

斯柯尔尼亚科夫的儿子尤里·列昂尼多维奇·斯柯尔尼亚科夫，他的父亲就埋葬在武汉！”伊万诺夫赶紧向我们介绍。

“我们提前见面了！”原来，受邀前来的尤里也不知中国客人正是我们。

尤里特地请了半天假乘车来到莫斯科。会面后参观纪念馆时，他饶有兴致地与我们同行，目光总停留在战争壁画中的飞机上，甚至再三向讲解员询问战机的型号。

尤里告诉我们他 75 岁了，仍未退休，目前在莫斯科郊区的飞机制造工厂，因“特殊贡献”一直担任着工程师。

“我的祖父是一名飞机制造厂的零件铸造师。正如你们知道的，我父亲是一名飞行员，我希望能继承父亲的事业。”尤里深深地停顿了一下，他很遗憾虽然出生在战争年代，但并未参军，“我是家中唯一的孩子，要尊重母亲的心愿，只能以这种方式继承父亲的事业”。

作为一名优秀且经验丰富的飞机制造工程师，尤里多次以援华专家的身份访问中国，还在成都工作过一段时间。1995 年，作为烈士遗属的尤里，还曾受邀来过武汉拜祭父亲，并买了两件礼物带回俄罗斯。

“父亲当年从中国寄回家两件礼物：一块手表和一件裘皮大衣。我带回家的礼物跟他的一样。”尤里指着手腕上的手表说，他现在佩戴的表并不是从中国带回的那块，只是两款表盘有些相似。

能不能给我们看看那两件从中国寄回家的礼物？尤里回答，老家在莫斯科州的另外一座城市，他将让儿子接我们前去探访。不过，完成这周的工作任务，他就要回到乡间别墅与老伴一起开始夏日的假期了。

每年七八月份回乡间别墅度假，熬过烈日酷暑，这是绝大多数俄罗斯人的生活方式，尤里也不例外。于是我们相约，8 月再见。

母亲过世，父亲遗物由尤里珍藏

再次与尤里见面，是在 8 月 16 日，列昂尼德祭日的前夕。

下午，尤里早早下了班，让二儿子瓦列里·尤里耶维奇·斯柯尔尼亚科夫载着我们从莫斯科往东顺道接上他,往巴拉希哈家中开去。

巴拉希哈位于莫斯科以东25公里的佩霍尔卡河畔，是莫斯科州中部的小城。

尤里告诉我们,父亲在中国战场牺牲后,苏联政府在莫斯科市内给家里分了一居室的住房,但母亲为抚养幼子方便,留在了位于阿尔赫瓦的外婆家里。他带我们去的是自己与妻子的住所,母亲去世后父亲的物件就由他搬来家中整理了。

半小时后,车子拐进了一个公交站后的居民区。这是一片典型的赫鲁晓夫楼,灰沉沉的砖墙裸露在外。楼栋前的空地上,彩色的帽子和丝带围出一小块别致的儿童乐园。

尤里领着我们走向了右排后方的一栋,他的家在四楼。老伴留在郊区别墅度假,这里仅剩他一人工作居住。

“请进!这是特意为你们准备的!”尤里将我们迎进客厅,客厅的餐桌上竟摆上了筷子。难得在异国他乡见到熟悉的物件,尤里细心的招待顿时让我们感到满心的温暖。

“这都是从中国带回来的”,为了迎接我们来访,尤里在前一日便撤下餐盘旁的刀叉，搭配了早年从中国带回来的筷子,“当然也没忘整理所有关于父亲的资料”,他指着桌旁一摞厚厚的书。

按照俄罗斯的习俗,尤里执意给我们摆上了水果、香槟,还有俄罗斯传统巧克力,并领着我们参观了居室。老房子是结构紧凑的三居室,进门口摆放着两部老式拨号电话机。客厅里最显眼的是两排高高的书架,成套的俄罗斯文学著作前，摆满了两个儿子的家庭照片。合影的照片里,孙女们揽着笑意盈盈的尤里。

参观完毕,我们入座,尤里给我们细细讲起了父亲列昂尼德。

从儿童院成长起来的飞行员

列昂尼德的成长经历十分坎坷,童年即双亲亡故,但他仍在混乱的转型社会中坚韧地长大成人。

上世纪初的俄国，沙皇王权因 1905 年俄日战争的失败而岌岌可危，社会正处于十月革命前夕的疾风骤雨中。1909 年 4 月 16 日，列昂尼德出生在圣彼得堡南边的城市巴甫洛夫斯克，父母都是铸造工人，与他共同成长的还有哥哥、姐姐和妹妹。作为家中最小的男孩，本应有个无忧无虑的童年，但父母骤然相继去世，哥哥离家参军，姐姐嫁到外地，9 岁的他只得带着妹妹住进了儿童院。

多年后，尤里的姑姑曾向他忆起这段幼时的生活，没有父母的陪伴，“列昂尼德是个好哥哥，总会想方设法找来糖果给我”。

当时俄国正经历着世界上最大的社会变革——1917 年十月革命爆发，建立了世界上第一个社会主义国家。双亲的离世让列昂尼德提早接触了社会，这个工人的儿子，凭借自己的努力继续了学业。14 岁那年，他完成了第一等级学校的初等教育，进入古洛夫斯卡亚的工厂艺徒学校继续学习。在这所学校的第二年，即 1925 年，这位小伙子加入了共青团。

“16 岁就加入了共青团，这在当时是很光荣的。可以看出他足够优秀。”尤里展示给我们一份父亲手写的入党申请表，虽只寥寥几行文字，却详细记载着列昂尼德在 1935 年前不断上升的人生轨迹。

18 岁成年时，列昂尼德从艺徒学校毕业，如愿来到了首都莫斯科，并进入了莫斯科中等技术学院学习。

“莫斯科的几年，父亲的收获很大！”

“他收获了什么？”

我们仔细看了看，仍不解这短短一句学历介绍的背后之意。尤里神秘一笑，示意待会才揭晓答案。

在莫斯科学习了四年，列昂尼德在 22 岁离开了莫斯科，选择前往乌克兰。在那里他入伍参军，开始正式接触飞行。

经过三年的学习，1935 年他从乌克兰东部城市伏罗希洛夫格勒的第二航空军事学校光荣毕业，正式成为一名飞行员。

从申请表上短短两行的教育经历，我们实在难以推测，是什么促使这个年轻而出色的小伙子选择入伍，报考飞行员。尤里也不知道，但他

列昂尼德·伊凡诺维奇·斯柯尔尼亚科夫

列昂尼德·伊凡诺维奇·斯柯尔尼亚科夫援华作战时驾驶的战机机型

Пролетарии всех стран, соединяйтесь!

АНКЕТА

кандидата партии, вступающего в члены ВКП(б)

Первичная парторганизация 9 А.Э.

район, город 64 А.Б. обл., края, республики Заб. Воен. Округ

1. Фамилия Скорняков Имя Леонид Отчество Иванович

2. Пол муж. 3. Год и месяц рождения IV-1909 4. Национальн. русский 5. Родной язык русский

6. Место рождения г. Павловск Ц. Ч. О.

7. Социальное положение

8. Занимаемая должность пилот-старшина производств. стаж лет

9. Сведения о родителях:

а) чем занимались родители до революции Рабочий-литейщик

б) чем занимаются и где находятся (точный адрес) теперь Отец и мать умерли в 1918 году

11. Пребывание в ВЛКСМ с 1925 г по 1935 г

12. Пребывание в группе сочувствующих с не состоял по

13. Образование—в каких учебных заведениях учился (где, когда), окончил ли Окончил в 1923 г. шк. I ступ. г. Павловск. Окончил Ф.З.У. 1927 г. ст. Куровская. Окончил Моск. Текст. техникум 1931 г. г. Москва. Окончил 11-ую В. Шк. пилотов 1935 г. г. Ворошиловград.

14. Где учится в настоящее время:

а) по повышению своей производственной квалификации В системе командир. учебы, работа над собой

б) в каких политкружках, курсах учился, учится

15. Какое участие принимает в работе советов, профсоюзов, комсомола, колхозов и т. д.

16. Основная профессия и специальность а) по образованию стаж 2 лет б) по опыту работы пилот стаж 2 лет

列昂尼德·伊凡诺维奇·斯柯尔尼亚科夫的入党申请书原件

2005 年，尤里作为烈士后代来中国参加纪念中国人民抗日战争胜利 60 周年活动时被授予的纪念章。

列昂尼德·伊凡诺维奇·斯柯尔尼亚科夫与妻子在1937年的合影

一直为父亲的选择而自豪。

从退伍上校A·K·柯察金撰写的回忆录《外贝加尔人在战斗的中国中》,我们能体会,在当时被空军学校录取、参军成为飞行员有多么荣耀。他如此回忆那个幸福的时刻:

我一生中有许多幸福的时刻,其中之一就是我被录取为伊尔库茨克空军机械师学校学员的时候……大家都有共青团工作的经验,参加过收购粮食和合作化,都有一颗炽热的爱国心,热爱军队,尤其是空军。

那时候哪一个年轻人不想当个飞行员?或者就当个一般军人呢?忽然间两个愿望都实现了:既当了军人又当了飞行员,这就已经是幸福而走运了。

从外贝加尔军区飞赴中国

和柯察金一样,毕业后的列昂尼德也加入了西伯利亚的外贝加尔军区。

"外贝加尔,有无数的山丘,无边辽阔的地方,几百公里之内既没有住所,也没有适合空军部队的栖身之地,不堪忍受的炎夏暑热,刺骨的冬季寒风,流过机场的带有沙粒的融雪溪流。飞行员们住在远离居民点的窑洞和帐篷里,既不抱怨,也不灰心。"从柯察金的记忆中,我们能对当年列昂尼德艰苦的部队生活窥出一二。

枯燥的军事生活并未打磨掉这些飞行员的激情。在尤里手中这份没有填写日期的入党申请表上,我们看到列昂尼德已成长为一名拥有大士军衔的飞行员队长,此时正在64航空大队的第九空军部队服役。

他一边坚持自学提高飞行技能,一边持续在共青团学校参加劳动,还进入马克思列宁学校学习提高党性。凭借着不懈的努力,列昂尼德当时已经进入了党员考察期。

上世纪30年代,"斯达汉诺夫运动"正在苏联各地如火如荼地展开。这场社会主义竞赛的群众运动,不仅在国民经济领域,也在武装部队包括空军中广泛兴起，调动了全员积极性，“大家都在又快又好地掌握知识和取得经验”。

与此同时，西班牙内战愈演愈烈，共和国政府陷入困境，苏联和国际纵队的援助不断加强，“我们每个人暗暗地希望能到这个战火包围着的国家去”。

1937 年秋天，柯察金也注意到了另一边国际局势的变化，“每个人都在暗暗作猜测了，远东的局势使苏联人民不得不保持警惕，日本同中国之间的战争正在激烈地进行着，中国需要援助，每个人都清楚，我们被召唤的事情多少同这场战争有关”。

“我认为父亲填写这份申请表正是在 1937 年”，尤里推测，这一年父亲正积极向党组织靠拢，而作为一名优秀的空军飞行员，申请加入空军志愿队，完成国际主义战士的任务，会是他的必然选择。

父亲离家前为儿子取名

“正是在莫斯科求学的四年期间，我的父亲与母亲相识相恋。”此时，尤里回答了之前的疑问。他的父亲在莫斯科开始选择了未来的方向——去入伍当飞行员，更找到了一生的伴侣。

1936 年，尤里的父母结婚了。婚后，列昂尼德继续在外贝加尔军区服役，年轻的妻子留在莫斯科郊外的军属宿舍。

“母亲说父亲有着一双‘金色的手’。”在俄罗斯，只有最灵巧的手艺人才会获得这样的夸耀。母亲告诉尤里，父亲一有空就在家里改造各种家电。他曾搜集零部件，独自“制造”了一辆自行车。此外，当年的收音机十分珍贵和稀罕，“大概一个村子只有一两部”，父亲竟“研制”出简易的扩音器，安装到收音机上，让全村人都听上了广播。

远在西伯利亚的列昂尼德并不能常回家与妻子团聚，他的这些轶事却常常让妻子感动和自豪。

1938 年 1 月 20 日，正值寒冬，在莫斯科郊外的军属宿舍中，26 岁的母亲诞下了小尤里。此时，列昂尼德依然在外贝加尔军区执勤。

收到喜讯，这位初为人父的战士欣喜若狂。年幼失去父亲的他，立即申请了假期回家探望初生的儿子，并为新生儿取名“尤里·列昂尼多维奇·斯柯尔尼亚科夫”——这便是坐在我对面的老者。

“父亲为您取名尤里，是不是有特别的含义？”我问道。

“父亲也许是期望我如同莫斯科城建造者‘长臂尤里’一样成就非凡吧！”尤里笑道。而他也确实在自己的领域闯出了一片天空。虽早已退休，但尤里并未休息，因技术和经验卓绝，被授予“特殊贡献者”称号并被返聘回工作岗位。

父亲回来探视初生的幼子，本应是这个小家庭难得的相聚，不想竟成为永久的别离，“他只能跟母亲依依惜别，不能透露远行的方向”。

列昂尼德离开后加入了援华空军志愿队。作为外贝加尔军区的一员，他即将启程来到中国战斗。

可以想见，对于新婚两年的妻子，还有初来人世的儿子，列昂尼德的“道别”绝不会是永别，他应是想尽快完成中国战场的任务回到妻儿身边。

“母亲也以为这只是一场常规的任务，不过是去了不知名的远方。”尤里说。

当年离别的情形母亲未向尤里说过，我们无从知晓。但柯察金从未忘记当年同样对亲人的作别：

点了名，没有人缺席，然后宣布请我们来是为了挑选一批志愿飞行员、领航员和其他军事专业人员去执行一项重要的、艰巨的而又有危险性的任务。事情是自愿的，每个人可以提出任何理由或情况——家庭、个人健康等等而拒绝，也可以没有理由而不去，可以自由地不参加这次预定的出差任务。

一部分被询问的人出来了，他们公开地表示了愿意去执行任何任务的强烈愿望，明确表示了不会辜负希望，当挑选结束时，特霍尔(外贝加尔军区援华志愿队的负责人)简单地谈了一下具体任务，我们将要有一次长期出差，从今天就开始了，可以认为这个任务已经开始，将要持续几个月。我们将要去一个非常远的地方，同亲人的正常联系可能要中断，要立即把这一点告诉自己的亲人，提醒他们，他们写了信可能不会有回信。

与另一些援华的苏联战士相比，列昂尼德是幸运的，他赶在出发前见到了刚出生的儿子，还为他取了名字。而有些志愿队战士，比如柯察金的战友伊万·斯捷潘诺维奇·柯特马诺夫，出发前就遗憾地错过了双胞胎女儿的出生，甚至没有机会给她们取名：

伊万是我们集体的核心人物，况且他比我们年轻，但已经成了家，正在期待着自己的第一个继承人。这一切更加提高了他在我们眼中的地位——一个仪表堂堂而又严竣正直的人。

我和他是很要好的朋友，彼此形影不离，在教练营全旅从 P-5 飞机一直学到 CБ 飞机时，我们的友谊更加深了。把我们召到红军楼去谈出差事情的那天一大早，伊万去打了一趟猎，然后顺便到产科医院看望了妻子。回家以后，邻居告诉他，他不在家的时候通讯员来过。明白了怎么回事以后，他同意出差了，然后又去了一趟产科医院。但他没有能再一次见到妻子，只是给她写了个便条。而从工厂的机场临出发前，他收到了妻子的一封信，信中告知他：奥莉嘉·玛特维也芙娜平安地生产了，给伊万生了两个女儿。刚做父亲的他欣喜若狂，他立刻把这一喜讯告诉了我们，我们也都真诚地向他祝贺。就这样，伊万·柯特马诺夫没有见到自己的宝贝就去中国了，她们一直占据着他的心灵、思想，仿佛她们就在我们中间。

我们还没有体验过做父母的感情，当然不能够理解朋友的内心世界，对于我们的祝贺和并非没有幽默的善意评论，伊万只是报以微笑和闪动着既有感动，又有满足，还有忧郁之光的眼睛。

那时候我们并不是每个人都能以孩子来炫耀的，只有工程师 П·М·塔尔窦金，他是两个孩子的父亲，常常在抽支烟休息的时候若有所思地自言自语：

“我那大眼睛的孩子在哪儿？我那灰眼睛的孩子在哪儿？”

作为对这句话的回答，我和伊万的同学费嘉·阿拉布金就会说：

“我那女儿在哪儿，啊！”

而伊万的女儿来到我们中间不过是一件谈笑的话柄而已。

有一次，在中国不知为什么要填写一份什么表，其中要求填上家庭状况、家庭成员，轮到了伊万。

“您姓什么？名字？父称？”

“柯特马诺夫·伊万·斯捷潘诺维奇。”

“婚姻状况？”

“已婚。”

“有孩子吗？”

“有两个女儿。”

“叫什么名字？”

“不知道。”

伊万不知道自己女儿的名字这件事成了大家的笑柄，而这里爱说俏皮话、幽默风趣的人本来就很多，每个人见到了伊万都必定要问（已经是第几次了！）：

“万尼亚，有孩子吗？”

“有！两个女儿！”对方还没有问完，伊万就已经知道问的是什么了，但他还是挺乐意谈这些。

“你知道她们叫什么名字吗？”

“还不知道！”

于是两人都笑了。

有时候还没有等到对方问他，他就先伸出了两个手指，形成一个“V”字，表示“两个女儿”。后来，这成了同伊万相遇时的见面礼。

从中国寄回的包裹

根据尤里母亲的回忆，列昂尼德是在1938年7月离开的。这一时期，日寇加紧了对武汉战区的包围。战况日渐恶化,日寇的嚣张气焰见长。

在“5·31”大空战后,日军不甘受挫,频频对武汉三镇进行轰炸,人数与战机有限的苏联空军志愿队紧急应战。

多年前,经由伊万诺夫介绍,父亲的战友维克多·弗拉基米洛维奇·卡莫宁向尤里回忆了战争中的父亲。

“他告诉我,父亲给他的印象最深刻。在中国艰难战斗的日子,父亲曾跟他谈起新婚不久的妻子,还有刚刚出生的儿子。要知道,来华参战的苏军战士都很年轻,有家庭的人非常少,更别提有后代的战士。他本人参加武汉空战时,也还没成家。”

在这位老战友的记忆中,列昂尼德还有那么些“与众不同”。激烈的空战后,年轻的战士们通常会聚在一起,喝酒庆祝胜利,列昂尼德却从不喝酒。他也从不间断身体锻炼,“生活方式十分健康”。尤里认为,父亲的基因对家人颇有影响。他本人就从不抽烟喝酒,一个儿子还是职业冰球运动员。而一家人最喜爱的聚会方式就是冬天滑雪、春夏踢足球。

驻扎在汉口机场的列昂尼德, 始终放心不下妻子和刚出生的儿子。在当时特殊、恶劣的环境下,他竟想办法往回寄去一个包裹。

“母亲收到了来自中国的包裹,里面是一只黄色表面的小巧手表,还有一件裘皮大衣。”尤里遗憾地说,我们来之前他反复找了好几遍,还是不见手表的踪影,估计是多年前搬家时,慌乱中弄丢了。不过,他记得,那是块表盘很小的黄色手表,大约是块女士表。

“母亲已经有了裘皮大衣作礼物,就将这块表留给了我。”上小学后,小男孩尤里便戴上了这块“女士”手表,直到表面破裂,指针不再准确了,他才恋恋不舍地放到表盒中收藏起来。

“那件裘皮大衣还在!”他边说边起身,带我们走进卧室。拉开衣柜门, 他用劲提出两件用黑色衣套包裹好的衣服, 平铺在床上, 拉开拉链——是两件几乎一模一样的裘皮大衣。

“这都是您父亲从中国寄回来的么?”我记得他只说过父亲寄回一件裘皮大衣。

“你摸摸,猜猜是哪件?”尤里故作神秘,微笑着看着我们。

我们轮番上前摸了摸。右边那件黑色大衣稍长,但左边那件栗色大衣摸起来更柔软,毛皮柔软丰厚,透着高贵时尚。大翻领长长的,只有一处隐形纽扣。从款式上看,到今天也不过时。

“是这件吧?”尤里点点头,提起左边那件及膝的大衣说,“就是它,沉甸甸的,厚实得很。我的母亲特别喜欢这件礼物。我结婚时,母亲将这件衣服送给我妻子。后来我们给大衣加了一层绸布内衬。这衣服,对付俄罗斯的大冷天十分管用。”

“武汉买的?”我们问,仔细再翻翻大衣的衣领,确实没有标签,无法确定品牌。

“我想应该是。”尤里说,1995 年第一次受邀来华访问,在汉口停留的短暂几天中,他在城中辗转寻找许久,终于也像当年父亲那样,给自己的妻子买回了一件裘皮大衣,“也就是右边这件,做个纪念”。

他还曾走进一家钟表店,向店员咨询店面的历史。“当他们告诉我,钟表店有一百多年历史时,我心里暗暗想,父亲当年会不会是在这里买的手表呢?”

这两件礼物伴随着对父亲的思念,一直深深刻在尤里的心中。

中国国庆日获知父亲下落

再往后,就只有坏消息了——从军队里送来的一张阵亡通知书,让这个刚刚因儿子出世填满的三口之家顷刻失去了顶梁柱。

多年后,父亲的战友卡莫宁告诉尤里,1938 年 8 月 16 日的空战中,列昂尼德的飞机被敌机击中,他受了重伤。虽坚持将飞机开回基地,但大约半天后,他不治身亡。

尤里和母亲多年来不清楚父亲的埋葬之地,直至尤里一位小学同学在电视上看到了武汉的墓碑。

1989 年 5 月,戈尔巴乔夫访华,中苏关系正常化。10 月 1 日,中国庆祝建国 40 周年的大庆典画面,传到了俄罗斯。电视台不仅转播了庆典仪式的宏大阅兵,也介绍了曾经参加中国抗日战争的苏军士兵。节目中,武汉解放公园里苏军纪念碑的画面也被突出放大。

就在这一天,尤里接到了久未联络的小学同学的电话:“列昂尼德·伊凡诺维奇·斯柯尔尼亚科夫是你的父亲吧?我看到他的墓碑在武汉。”虽已过去二十多年,尤里至今记得听到这句话时的震惊与激动。

“终于找到了,父亲原来在武汉!”

“就像我小时候曾向母亲询问父亲的去向一样,儿子也一直向我打听爷爷的故事。”在两个儿子的支持下,尤里给中国驻苏联大使馆尝试写出了第一封信,请求核实父亲的信息。一切进展顺利,寻访请求很快转到了俄中友协负责人之一伊万诺夫手中。

而后伊万诺夫迅速与尤里取得联系,确认了列昂尼德·伊凡诺维奇·斯柯尔尼亚科夫上尉的墓碑所在地。

此时,尤里已年过半百。一直未曾再嫁的母亲,终于得知失联半个世纪的丈夫的音讯——1938 年 7 月,列昂尼德同她作最后的告别时,他们结婚还不到两年,他同新生的儿子只待了几天。

8 月 17 日是列昂尼德·伊凡诺维奇·斯柯尔尼亚科夫的祭日。

“这是我们全家都会牢牢记住的日子,所有家庭成员都会回到郊外别墅。我会倒上一杯伏特加酒,摆上传统黑面包,拜祭在中国战场牺牲的父亲。”

尤里告诉我们,每年的这一天,祖孙三辈人都要从外地赶回老家,围在一起,追忆家族的往事。母亲在世时,一切由她操持,她还给后辈们一遍又一遍讲述列昂尼德的战斗事迹,让亲人们珍惜团聚的日子。母亲去世后,换上他主持仪式。

不过,相对于祭日,全家人更愿意在 4 月 16 日为列昂尼德祝酒。这一天是他的生日,也是尤里次子瓦列里的生日。每到这一天,家人会团聚一堂,为瓦列里庆上第一杯酒,再为列昂尼德庆上第二杯酒。

到 2013 年,列昂尼德已经离世 75 年。75 岁的尤里说:“确实是老了,可能再没有机会回父亲的墓碑前去探望了。”他希望,两个儿子有机会去武汉,在他们祖父的墓碑前,也献上一束花,将这段历史和记忆延续下去。

小传

列昂尼德·伊凡诺维奇·斯柯尔尼亚科夫

Леонид Иванович Скорняков

1909 年 4 月 16 日出生于圣彼得堡南边的小城巴甫洛夫斯克。

1918 年,列昂尼德9 岁时,父母相继去世,哥哥参了军,姐姐嫁到外地,他与妹妹一起到儿童院生活。1923 年,14 岁时,他从家乡第一等级学校毕业,升入了古洛夫斯卡亚的工厂艺徒学校,3 年后毕业来到首都就读莫斯科中等技术学院。1931 年,列昂尼德毕业,同年进入位于乌克兰东部城市伏罗希洛夫格勒的第二航空军事学校学习,在此他入伍成为了一名飞行员。

1936 年,列昂尼德与在莫斯科认识的妻子结婚。1938 年 1 月 20 日,儿子尤里·列昂尼多维奇·斯柯尔尼亚科夫出生。同年 7 月,服役于外贝加尔军区的他加入苏联空军志愿队来到中国执行国际主义任务。

加入苏联空军志愿队来华参战,列昂尼德是第 9 空军大队中的飞行员大士,苏共预备党员,拥有上尉军衔,隶属于外贝加尔军区 64 航空大队。

在 1938 年 8 月 16 日的空战中,列昂尼德被击中,受了重伤,仍坚持将飞机开回汉口基地,于 17 日不治身亡,葬于武汉。此后被追授红旗勋章。

第八章

伊凡·尼科诺罗维奇·古罗夫：墓碑上最年轻的战士，善弹曼陀林

伊凡·尼科诺罗维奇·古罗夫(简称：伊凡)，武汉解放公园空军志愿队烈士墓碑上的第15位烈士，也是其中最年轻的一位烈士，牺牲时年仅24岁。

2013年6月28日，在俄中友好协会副主席、全俄老战士委员会中国分委会主席瓦西里·伊万诺维奇·伊万诺夫的“大红本”里，我们第一次见到了伊凡的模样——这里收藏着一张泛黄的黑白军装照。

伊万诺夫告诉我们，这张老照片是多年前伊凡·尼科诺罗维奇·古罗夫的弟弟首次联系上他时，特地送来留存的。据说这是伊凡在国内读军校时寄给家人的。伊凡的弟弟十多年前离世，其外甥女加琳娜·弗拉基米罗夫娜·波什金娜(简称：波什金娜)接替了他的工作。2005年，她代表家人参加了中国抗战胜利60周年纪念活动，并到武汉祭拜了伊凡。

从伊万诺夫的烈士亲属联系名录中，我们拿到了加琳娜·弗拉基米罗夫娜·波什金娜的手机号。

6月29日中午，我们终于联络上波什金娜。听到我们的来意，她非常诧异。自2005年访问武汉后，她再没有听到任何与“伊凡舅舅”有关的消息。

她痛快地答应带我们走访伊凡老家。由于是退休后返聘，58岁的她依然在电气工程师的岗位上工作，只能在周末接待我们。她约我们周六在波多明斯克的火车站见，并给我们详细指明了从莫斯科出发的路线。

7月6日，我们寻访的足迹又一次踏出首都莫斯科。

从莫斯科往南，悠悠轰鸣的城际列车停顿了15个小站点。候鸟般穿

梭在首都和莫斯科州之间上班的人也利用这短短的路途，在火车上叫卖起小生意，附近的农夫就陆续上下兜卖新鲜的瓜果。

一小时后，列车停靠在一个稍大的站点，我们抵达了莫斯科州的波多明斯克。这里就是伊凡·尼科诺罗维奇·古罗夫的家乡。

这一天据说是近年来最炎热的夏日。小小的火车站出来，没有喧嚣，花香扑面，过路的人静静挑上几枝明艳的鲜花，简单束上一扎，带回家或是拜访朋友，就是夏日里很好的礼物。

我们是旅客中仅有的东方面孔，站外等待的波什金娜一眼就认出了我们。她主动向我们伸出双臂来了一个典型的俄罗斯拥抱，在她的热情中，首次见面的陌生感顿时消散。

已临近中午，她提议首先去城郊的老屋看看。

波多明斯克是莫斯科州最大的城市，交通以公交为主。在火车站前的广场，我们坐上一趟小巴。波什金娜告诉我们，这趟小巴将会穿过市中心，绕过大半个城市。于是，在前往老屋的路上，我们初步感受了这座城市。

城市并不大，一路上经过的几个广场上，矗立着各异的浮雕，表现出同一个主题——纪念伟大的劳动人民和战争中的英雄，这是这个国家最独特的景观，无处不展示着20世纪中叶的激昂战斗和辉煌岁月。

“伊凡也是被纪念的英雄之一吧？”我问波什金娜。

波什金娜告诉我们，伊凡舅舅执行的是国际主义任务，在国外牺牲，而这里纪念的都是保卫家乡的英雄。如今在俄罗斯的纪念馆里，没有任何关于他的纪念痕迹。

“舅舅不是大家通常所称的卫国英雄。但在我们家族眼里，他就是一位英雄。”

10分钟过后，小巴停靠在了市中心的广场旁。高高的立柱上醒目地刻着“1781”的字样，波什金娜说这是城市建市的年份。数字下面是十字镐的市徽，这是钢铁工具的代表，寓意是工业兴城。在广场的一侧，是被当地居民戏称为“白宫”的纯白色主体的政府大楼，另一侧则有一座雄伟的列宁雕塑。波什金娜说，当地除了是莫斯科州有名的工业城市，也有一段光荣的革命历史。19 世纪末，列宁流亡西伯利亚时，他的家人就曾定居在这里。列宁常常写信回家，更以书信的方式与地下革命组织保持密切联系，传播马克思主义思想，确保了《火花》的出版。1900 年 7 月，列宁本人还来过这座城市。

在这里，波什金娜带着我们穿过集市，搭上了前往郊区的巴士，一路向北。我们要在“北镇”这一站下车。

90 年前建成的老房子，是伊凡舅舅成长的地方

北镇，意即北部的村庄，其实还未到郊外，也算不得是个村落。沿着通向树林的曲折小路，波什金娜引着我们在高高的野草中穿梭。不多久，前方出现了几栋错落排列的三层砖瓦房，红黄相间的墙面，格外亮眼。门楼正中上方涂着红字——1923。

“那是什么意思？”我指向屋顶正中的数字。

“这批老房子都是在 1923 年修建的。”波什金娜说。

她带我们走到小路尽头，指着左边一栋房子告诉我们：“这就是我家的老屋。”

外祖父在世时，曾向她提起，上世纪 20 年代，全家从塞尔普霍夫斯基区上维列米村迁到了波多玥斯克。当时这批房子刚建成不久，都是崭新的屋子。

“外祖父是个工人，分到几间居室。我的伊凡舅舅 1914 年出生，在这里度过青少年时代。”

波什金娜的外祖父一家搬到这里后，一直在此居住。上世纪中叶，外祖父母相继离世，老房子被收归国有。

我们走近老房子，沿着周围的篱笆转了转。正门前的杂草疯长，中间有几堆碎石，背后则是一大片灌木围起来的草坪。

波什金娜听说这栋老房子如今是一群工人的集体宿舍。烈日下，屋侧不远处，果真有几位工人正光着膀子鼓捣一辆破旧的老式小汽车。

转回到屋前，轻轻推开木门，我们往里探了探，马赛克的地面，斑驳

的水泥墙面,破裂的房门……向内问了几声,无人应答。

波什金娜大致记得外祖父母住在一楼，但她现已辨不清外祖父母、妈妈和舅舅居住过的房间。

家人留下的老照片,有几张正是在这座老房子前拍摄的,她从随身的小包里翻出几张给我们看。

照片上的外祖父戴着鸭舌帽,穿着宽大的工人裤,双手放在膝盖上,瘦削的面庞上一脸严肃;外祖母则是位传统的俄罗斯家庭妇女,胖胖的身形,头巾向后盘扎着,长袖长裙。在她身后的正是波什金娜的母亲,少女模样,穿着无袖短裙。

“这是夏天拍的照片。从母亲的年岁推算,恐怕当时伊凡舅舅已经不在了……”波什金娜黯然说。

她偶尔会回老房子看看,顺道拜访一位幼时的朋友。距离老屋几十米远的另一头,波什金娜找到了这位老友。言谈间,她们说,这些老房子即将拆掉,要盖新的居民楼。

“这项计划 5 年前就制定了,只是市政资金未到位一直拖拉着,不过今年(2013 年)底,这些老房子肯定会被拆迁。”

这恐怕也是波什金娜最后一次探访老屋了。

两兄弟一个牺牲在中国,一个牺牲在俄罗斯

在小城的咖啡馆里,波什金娜向我们讲起了家族历史。

外祖母家共有四个孩子，波什金娜的母亲叶甫多吉娅是家里的第三个孩子,也是唯一的女孩。出生于 1914 年的伊凡是波什金娜的大舅舅,第二个舅舅杰奥尔杰只比伊凡稍小一点,小舅舅弗拉基米尔 1926 年出生。

“我是外祖母抚养长大的。她曾跟我说过,伊凡舅舅比母亲整整大了 11 岁。只是年岁久了,我们都记不得他生日的准确月份。”

她曾向母亲问起这位大舅,但母亲说他离家时自己尚小,她也记不得太多。

“外祖母离世前,总跟我讲起舅舅的故事。那时我刚刚成年,外祖母

拉着我的手说,伊凡舅舅大约也是在我这个年纪,离开家乡,去读航空学校,然后加入航空志愿队,远去中国参战。”

“她总说:‘伊凡努什卡,那是我的孩子!’”波什金娜至今仍清楚记得外祖母唤着舅舅的小名时,那一脸的自豪。

伊凡高中毕业进入航空学校。二舅杰奥尔杰高中毕业后也追随哥哥的脚步进入航校学习。毕业学成时,卫国战争打响,他成为一名空军战士,参加了多次空战。不幸的是,1942 年,在激烈的列宁格勒保卫战中,杰奥尔杰也牺牲了。家人们又接到了一张阵亡通知书。跟伊凡牺牲时一样,杰奥尔杰在战场上的事迹和最后时刻的英勇,家人们一无所知。

除了波什金娜的母亲,在战争中幸存下来的还有最小的舅舅弗拉基米尔。他 1926 年出生,长大成人时,卫国战争刚刚结束。战后,他一直是家族的“守护者”。

“小舅舅坚持搜集伊凡舅舅和杰奥尔杰舅舅的遗物。多年来,他一直设法和莫斯科、圣彼得堡取得联系, 希望能找回关于这两位亲人的记忆。”波什金娜告诉我们,为了打探伊凡舅舅的具体情况,他询问了莫斯科许多相关部门,直至找到老战士委员会,辗转联系上时任的普希金主席和现在的伊万诺夫主席。这两位负责人曾到访过中国,找到了多位烈士的墓碑和纪念碑。

“正是通过他们,我们才渐渐对这段历史有所了解,知道舅舅被埋葬在中国武汉。去武汉看看大舅伊凡战斗的地方,小舅舅一直都在等待这个机会。”

小舅舅还曾带着波什金娜和其他家人一起前往圣彼得堡——当年的列宁格勒寻找二舅杰奥尔杰的遗骸,几番努力,没有任何收获。“我们在当地的纪念碑上甚至没有找到舅舅的名字。”波什金娜说,这是家人一直以来的遗憾。而找寻远在中国牺牲的大舅舅,距离远花费大,更让家人望而却步。

2003 年,最小的舅舅去世,波什金娜的哥哥迁去莫斯科 20 多年,家族里只剩她一人留守在波多明斯克的老家。于是,家人收藏的所有老照片委托她保管起来,与莫斯科的联系也相应地由她来承担了。

“儿子和女儿小的时候，我也常常拿着这些老照片，让他们认识祖辈，希望他们也为自己的家族自豪。”如今，波什金娜的孩子已长大成家自立，她看这些老照片的机会也少了。她将这些老照片，尤其是在战争中牺牲的两位舅舅仅剩的几张黑白照，仔细地用黑色的信封包裹着，小心翼翼地放置到暗柜里收藏着。

他是成绩优异的长子，考入著名军校

从随身小包中，波什金娜取出一只黑色信封。信封不厚，折痕明显，看得出很有些年头。她说，小舅舅用黑色信封，是为了防止老照片褪色。可惜的是，照片中并没有家人的大合影，也没有伊凡舅舅和外祖父母或母亲的合影。

波什金娜说她对伊凡舅舅的了解，全部来自去世已久的外祖母。

伊凡·尼科诺罗维奇·古罗夫 1914 年在塞尔普霍夫斯基区上维列米村出生，幼年时期即随父母搬迁到了莫斯科州的波多明斯克，此后其家族一直在这里生活。

在波多明斯克这座闻名的工业城市，他的父亲加入工人大军，并在北镇分了房子。伊凡是家中最大的孩子，很快有了弟弟杰奥尔杰，又过了近十年，才有了另一对更小的妹妹和弟弟，也就是波什金娜的妈妈叶甫多吉娅和小舅舅弗拉基米尔。在这里，他与弟弟妹妹度过了快乐的童年和青年时光。

波什金娜记得外祖母说过，只要有伊凡在，几个兄弟姐妹就会乖巧得多，不会捣乱，更不会出现危险。

“外祖母特别喜爱这位长子，说他是个责任感非常强的孩子，总是把弟弟妹妹照顾得很好。”

在那个艰苦的年代，抚养四个孩子很不容易。伊凡像个小大人，总是会主动带着弟弟妹妹玩耍，为母亲减轻不少负担。

他在学校的成绩也十分优异。波什金娜说，外祖父家的家教严格，每个孩子在学校的表现都很出色。她的母亲就是以 4 分的成绩毕业。“母

伊凡·尼科诺罗维奇·古罗夫

伊凡·尼科诺罗维奇·古罗夫(前右)正拨奏着曼陀林,与另一位弹奏吉他的同学和音。

伊凡·尼科诺罗维奇·古罗夫(中)与航校同学一起拍的毕业合影

伊凡·尼科诺罗维奇·古罗夫在航校时期的留影

伊凡·尼科诺罗维奇·古罗夫（左三）与志愿队战友一起开军事会议

伊凡·尼科诺罗维奇·古罗夫幼时与父母的合影

亲提到过舅舅的成绩,比她的要更好一些。在11年级,相当于高中毕业时,他的成绩接近满分5分。”

“那所学校还在么?”我追问。但波什金娜遗憾地说,城市变化太大,这所当年的中小学不在了。

高中毕业后,伊凡选择了就读军校。他来到了北高加索地区的页伊斯克,进入了最高军事航空学校——这是当时苏联最著名的十所航校之一,为空军培养了很多优秀人才。

我们搜集的资料显示,来到中国支援反法西斯战争的苏联空军战士,有不少正是从页伊斯克最高军事航空学校挑选出来并经初步培训,经由阿拉木图航线进入中国。

如同列昂尼德·伊凡诺维奇·斯柯尔尼亚科夫一样,伊凡也选择了加入空军。他们为什么会有如此相同的选择呢?

Н·Г·科兹洛夫的《在中国的天空》,反映了那个时代年轻人对时局的关切:

啊,多美啊,大地!可是,世界却在动荡不安中,墨索里尼占领了阿比西尼亚,亚的斯亚贝巴发生了悲剧,西班牙共和国在同叛乱者,或者准确点说在同意大利、德国干涉者的斗争中已筋疲力尽了。在那儿,国际主义志愿战士们同共和国的保卫者们在天上和地下英勇地并肩战斗着,希特勒随时准备着吞并奥地利,柏林–罗马轴心准备着把自己的终点在东京汇合,建立起三角同盟,现在,田中的计划正在实现:日本正在侵占中国,战争的策源地!在西方,在东方,谁能想到,世界的战火竟拉得这么远?

我们正处在这个无情的时代运动和事件之中。

“在当时那样的环境下,选择入伍参军读军校,是大多数年轻男子的选择。那是一种责任。对于舅舅来说,这样的选择很自然。”波什金娜笃定地对我们说。

那一年,是在1934年。波什金娜的外祖母说,伊凡离开家乡时,刚满

20 岁。

外祖母最爱的一张照片里，他在弹曼陀林

年轻的伊凡远离家乡参军求学后，常常给家中写信，寄来照片，让家人知晓近况。

波什金娜轻轻地将黑色信封上的折痕抚平，小心翼翼地展开封口，抽出所有照片，将伊凡舅舅的照片整理到一起递到我们的手中。

“它们都夹在伊凡舅舅写回家的信里，小舅舅一直收集着这些照片。”

我们将照片一张张小心地排列在桌上。它们都还未褪色，没有丝毫磨损，方寸也很完整，大多数是伊凡身着飞行员军服拍摄的。

头戴飞行帽，稍稍侧坐，椭圆形的像影，像是一张飞行员登记照；身着飞行员皮衣，正襟危坐，应是特地在照相馆的留影；另一张着士官军装的照片，头戴三角帽，是当年流行的样式，背景用“古罗夫”的手写签名点缀，甚为别致。此外，伊凡还寄回家一张休闲照——穿着格子衬衫，点着烟、托腮沉思。

在两张相片背后，伊凡留下了笔迹。其中一张落款 1936 年的照片，是他特意寄给他小姨——波什金娜外祖母的妹妹的。波什金娜回忆，外祖母的妹妹性格活泼、为人爽朗，在家族中很受爱戴，开朗活泼的伊凡和她感情特别好。这张照片一直被老人珍藏着，小舅舅特地找她要来了。

伊凡还寄来几张与战友的合影照。在一张伊凡与两个战友的合影中，年轻的伊凡居中，卷曲的淡色头发十分显眼。照片上的三人仍显得十分稚嫩，大约是在航空学校的同学照。还有一张则是战友集体讨论的场景，伊凡立在桌前，似乎正在向上级军官汇报着学习和工作的情况，其他战友安静地坐在一旁注视着他。

最后一张，“应该是外祖母最喜欢的照片”，波什金娜微笑着。照片是在树林中拍摄的，托着曼陀林的伊凡，似乎正在与另一位弹奏吉他的同

学和音。在他们身后，三位同学猫着腰凑过去，淡淡的微笑洋溢在脸上，像是正享受着音乐与美景。

爱好音乐是家族的传统。波什金娜说，外祖母的歌唱得特别好，即便是陌生的曲调，听上一遍，也可以马上哼唱。遗传了这种乐感好的基因，伊凡在曼陀林上极有天赋，波什金娜母亲的吉他弹得挺好。波什金娜自己会拉手风琴，能演奏不少曲目。

牺牲在武汉的最年轻苏军飞行员

波什金娜告诉我，1936 年从航校毕业后，伊凡舅舅顺利地成为了苏联空军的一员。此后不久，他报名参加空军志愿者招募。

临别前，伊凡特意从军队回家住了几天，此后便与家人失去了联络。

“家人们只知道伊凡舅舅参加了志愿行动，去了哪里，不知道。外祖母也曾反复回忆那一次的情形，因为需要保密，舅舅并未辞行。”

加入苏联空军援华志愿队，从这里出发来到中国——这正是伊凡来华出发的原点，但即使是在伊凡的家人这里，我们也为无法找到更准确的记录和回忆而深深遗憾，只能从退伍上校工程师 B·Д·齐姆良斯基的回忆录《为了你，淑英！》中推测伊凡当年的抉择：

我心里一跳，难道？……

里面放着一张写字台，桌上有墨水、钢笔和登记簿，填写了登记簿之后我们就坐着等待传唤。时间从来没有像这一次这样过得慢，每个人都在想着自己的心事，想自己的朋友和同志，想自己的未婚妻，想家庭，想着昨天的机场生活。当然，还想着等待着我们的未来。

……

我是最后一个进去的，桌子后面坐着三个穿便服的人，桌上放着我的履历表。

“请坐，您身体好吗？”

“我感觉很好。”

“啊,是这样,请谈谈您工作得怎么样?”

“最近几年没有受过处分。”

在这次很随便的谈话快要结束时,坐在桌子后面的一个人停顿了一下,用慈善的灰眼睛盯着我,提出了主要的、期待已久的问题:

“齐姆良斯基同志,您是否准备到中国去?您在那儿将要直接参加中国人民的抗日战争,我们不急着等您的回答,有时间可以考虑。”

“我是个军人,是自愿参的军,如果信任我的话,那么,为了完成祖国的任务我将不惜生命。”

“那好,那我们就认为问题已经解决了。祝您一路平安,胜利归来。”

如同齐姆良斯基一样,伊凡光荣地成为一名志愿军战士。他们是那样的年轻,却是那样的坚定,只为一句“为了完成祖国的任务不惜生命”。

“他有自己的信念和选择”,外祖母从未埋怨过大儿子的不辞而别。在那个年代,她知道完成国际主义任务,是每位士兵的职责。自己最有责任感的大儿子,又怎会临阵退缩呢?

齐姆良斯基则用笔回忆了那个“最长的夜晚”:

临走前的夜晚是我一生中最长的一夜,我思绪万千,想起了我凄凉的童年时代:饥饿、伤寒、贫穷,我看见了生了十二个孩子的勤劳的母亲,听见了她的声音:“不要看天,魔鬼在飞。”那时正是第一次世界大战时期,第一次看见天上的飞机……青年时代,在顿河上的罗斯托夫,失业,流浪者的客店,我回想起了巴库,在那儿我是个共产党员,像在银幕上似的,又闪过了伏尔斯克航校的年代,在那儿度过了我的青年时代。

早晨,天刚刚破晓,我就给母亲写了一封信,最后,我把部队的东西包好锁在了已空的柜子里。

对母亲的辞别,齐姆良斯基只能留在最后一封信中。而伊凡甚至没有向家人正式辞行,就远征到了中国。

所幸,我们在老战士回忆录中找到了关于伊凡的零碎事迹。

从 B·Д·齐姆良斯基的回忆录《为了你,淑英!》中,可以推测作为机械师的他当时在汉口驻扎,而伊凡作为战斗机飞行员则驻扎在南昌。

南昌的战斗机飞行员常常驾驶“燕子”或“黄莺”到我们这儿来做客,他们为了共同的工作在机场上要耽搁很久。我们生活得像个友爱的家庭,对祖国、对亲人和对朋友的思念使我们彼此更亲近了。没有任何力量能够破坏我们这个团结得坚如磐石的集体。

战斗机在指挥所附近按棋盘状地排列着,许多飞行员我都认识。

他是一个中等个子、灰白头发的年轻人,完全像童话中的“伊万努什卡”兄弟。他从不灰心,总是高高兴兴的,好与人交往——一句话,他是个心地坦率的小伙子。

不过,伊凡与战友们面临着越来越严峻的战局了。

八月,眼看着南昌就要陷落了,过了没几天,有一天晚上 E·M·尼柯莱英科打电话给我:“明天天一亮所有完好的飞机全部飞往汉口。”

早晨一大早我们起飞时只有五架飞机,有一架在滑跑时没有飞起来,我们在广场上空飞了一圈表示告别之后,就向汉口方向飞去了。

汉口也成了一个前线城市,它的生活发生了很大的变化,商业活动停滞,许多公司关闭了,港口的工作只有一个方向:对付天上的日本飞机。街上的黄包车很少,民用交通工具也很少了,增加的是潮流般的军用汽车和常常响起的警报。

此时正是 1938 年七夕前后,中国人团圆相聚的日子。频繁的空袭造就了无数的别离,积极应战的苏联飞行员战士面临着更险恶的殊死搏斗。

就在那年的 8 月 3 日,伊凡在激战中牺牲了,年仅 24 岁。

П·T·索宾记录了他牺牲时的壮烈。

我们的战斗机同数量上占优势的敌机进行着紧张的战斗。我还记得有一次空战，当时有40架中国飞机对付120架日本飞机，记得在这次战斗中有一些少见的、独一无二的情况。

记得有一架И–15战斗机在一个接一个不断的翻圈中渐渐地下降了，当它从最后一圈中翻过来时，正好落地了，螺旋桨和起落架撞了地，飞机的机身在地面擦了一段。

当人们跑到飞机前的时候，他们看见：座舱里的飞行员紧紧地系在保险带上，低垂着头，左手一动不动地握紧了油门杆，右手压住了舵操纵杆，脚踩住了踏脚，胸前有六处子弹击穿的伤口，这是瓦纽什卡·古洛夫。

与伊凡在同一场空战牺牲的还有飞行员彼得·谢苗洛维奇·菲利波夫，B·Д·齐姆良斯基记下了这位战友的名字——老战士回忆录的翻译者范方镇在此标注，彼得·谢苗洛维奇·菲利波夫在俄罗斯提供给南京航空烈士公墓刻碑的名单中，被遗漏了。

伊凡牺牲的消息两年后才传回家。1940年，一张阵亡通知书寄送到波多明斯克的老家中，波什金娜的外祖母才得知自己的长子伊凡去了中国，并在那里牺牲。

带着全家的惦念，终于来汉完成祭奠

多年来，家人们珍藏着伊凡离别前在国内的照片。对于他在战场上的英勇，只能通过一纸阵亡通知书了解。

波什金娜记得，外祖母看着这些老照片时，曾兴致勃勃地跟外孙女谈起伊凡离家参军时有位女朋友。虽然过去了许久，她早已忘了外祖母当年的话语，但一直记得外祖母充满期盼的神态。

她觉得，外祖母心中，一定非常希望自己的儿子过一个平凡人的生活，和家乡的女朋友结婚、生子，一起慢慢地随着岁月老去。

我们问波什金娜，是否可以向俄罗斯国防部中央档案馆申请战争资料和军事档案？我们启程奔赴俄罗斯寻访前，在与俄国内专家联络时，这个档案馆常常被提起。据称,苏联援华空军志愿队烈士的军事档案此前被封存在这里。

波什金娜立即告诉我们,这个档案馆正位于波多明斯克,她与家人们也多次来到这里申请伊凡的档案,但因档案未能解密,一直没有收获。

她看了看时间,距离档案馆下班时间还有一个钟头,便提议带我们再去“试试运气”。短短一段车程,波什金娜指引我们到了一片低矮的建筑群门口,这里就是俄罗斯国防部中央档案馆。

经过安检后,我们向接待人员说明了来意,并提交了书面申请,但期望尽早拿到结果似乎希望不大。

对此,波什金娜十分淡然。我们的寻找才刚开始,她与家人的寻找却已进行许多年。多年来,他们无数次面对这样的期待和等待,最终依然一无所获。

“这种苦痛曾深深地折磨着年迈的祖父母。寻找和祭奠,自然是我们家族后人的责任。”波什金娜告诉我们,在小舅的坚持下,家人和老战士委员会一直断断续续地保持着联系。小舅将伊凡的那张军官照送给伊万诺夫,伊万诺夫主席也将她家的电话记在了烈士遗属联系名册上,家人们一直期待着有一天能有机会来到中国看看亲人牺牲的地方。

遥远的中国,曾是舅舅为之奋战乃至献身的地方,却实在成为一家人寻亲的障碍。随着时间的推移,家人们也更愿意将这段惨痛的回忆放在心底——让思亲的伤口慢慢愈合。

2005 年,中国政府大规模纪念抗日战争胜利 60 周年,并向俄罗斯的烈士遗属发来了访华邀请。要不要到中国参加抗战纪念活动,波什金娜与家人一度踌躇难决。她说:“这段记忆对所有家人来说都很沉痛,我们已不愿轻易提起。但,我也很想去看看舅舅曾经战斗的地方。”

那一年,最小的舅舅已经离世,妈妈病重不能远行。在家人的支持下,波什金娜带着舅舅年轻时的照片,来到了中国。在走访了北京等地后,她来到了武汉,在解放公园的苏联空军志愿队纪念碑上找到了伊凡舅舅的名字。“这么多年来,一想到舅舅在另一个国度长眠,我们全家人无时无刻不想念着他。这次能有机会到他战斗牺牲的地方为他扫墓，我们全家人都非常激动，特地嘱托我把他年轻时的照片带去。”

谈起第一次在纪念碑上看到“伊凡·尼科诺罗维奇·古罗夫”那个熟悉的名字时，她至今难抑激动。

“我看到了舅舅的名字，真的很感谢中国人民还记得他。”

那次到武汉，走到哪里，波什金娜都不忘带上相机。她说，她要把武汉拍成照片带回去。“我要对孩子们讲述这里看到的一切，让孩子们世世代代牢记两个国家和人民间的这份友谊。”

这次在俄罗斯见到我们，她慨叹，没想到，时隔近十年，武汉还有人远道而来，到伊凡舅舅的故乡波多明斯克寻找他的真容与痕迹。

小传

伊凡·尼科诺罗维奇·古罗夫

Иван Никифорович Гуров

1914 年生于莫斯科州塞尔普霍夫斯基区上维列米村，家乡在莫斯科州的波多明斯克北镇。他于 1934 年高中毕业后进入北高加索地区页伊斯克的最高军事航空学校学习，并于同年参军入伍。1936 年从航校毕业后，伊凡加入苏联援华空军志愿队。

伊凡是苏联列宁共产主义青年团员，第四歼击航空兵团大士(军士级别最高军衔)，战斗机飞行员。

1938 年 8 月 3 日，在汉口上空的空战中，40 架中国飞机对战 120 架日本飞机，伊凡驾驶一架 И–15 战斗机应战，被 6 颗子弹击中，却将飞机成功降落到地面。他在这场战斗中英勇牺牲。

第九章
菲利普·杰尼索维奇·古里耶的百岁遗孀期待来汉扫墓

从中国出发时,我们整理了所有前期的联系成果,建立了寻访关系图,并向所有来自俄罗斯的联系人发送邮件预约采访和见面。面对茫茫前路,我们知道最重要的是出发——只有出发,才会有机会见到更多关心这段历史的人,才有机会还原历史真相。

2013 年 7 月，当我们在莫斯科拜访了全俄老战士委员会中国分委会主席瓦西里·伊万诺维奇·伊万诺夫老先生，到莫斯科州波多明斯克探访了烈士伊凡·尼科诺罗维奇·古罗夫的故居,并与烈士列昂尼德·伊凡诺维奇·斯柯尔尼亚科夫的儿子尤里·列昂尼多维奇·斯柯尔尼亚科夫在俄罗斯卫国战争纪念馆意外相见后,由于签证时间的限制,第一次俄罗斯寻访之旅已过半。手头现成线索几已淘尽,接下来还能从哪里取得突破呢?

一位热心“志愿者”引出七十年前遗孀住址

7 月 7 日,距离我们回国的日子不足三天。就在此时,我又收到了俄罗斯飞行爱好者尤利(Yuri Svoiskii)的来信。

与尤利的结识十分偶然。早于国内展开寻访时,我在网络上无意间发现了一位中国航空爱好者的个人网页，上面发表了几篇苏联飞行员的介绍文章,部分资料涉及苏联援华时期。循着网站上的邮箱地址,我写去了邮件,很快收到回信。这位来自东北的航空爱好者告诉我,自己与俄罗斯的飞行爱好者在论坛上有些交流，他向我推荐了一位活跃的俄罗斯人,说也许会有帮助。他推荐的这位俄罗斯医生,又向我介绍了会英文的俄罗斯飞行爱好者尤利——由于工作关系，尤利对苏联上世纪在蒙古和中国的抗日援助有些研究，也曾在军事档案馆查过相关资料。

很快,我们与尤利取得了联系。就在我们从北京出发前往莫斯科的前夕,收到了一封长长的回信。信中,尤利竟回复给我们数位在武汉牺牲的苏联空军志愿队烈士档案——这么快就查到不少资料，尤利的高效让我们“刮目相看”。我们赶紧比照此前从南京获得的资料,竟完全一致。

尤利告诉我们,由于此前做过类似的研究工作,他拜托相关朋友获得了帮助。不过,他也婉转地表示,若要找到更多的信息,耗时耗事,难以再进一步。

尤利的工作与飞行有关，他就住在莫斯科谢列梅捷沃国际机场附近,我们相约 7 月 8 日在离机场最近的地铁站见。

一身军绿色飞行员连体服的尤利在人群中十分显眼,他向我们推荐了一本俄罗斯学者的著作《苏联空军志愿队烈士名册》。他介绍,这本书详细梳理了苏联援华的历史,图文并茂,与我们的寻找十分契合。

“不过,这位作者前两年已经去世。”

对我们的寻访,尤利十分感兴趣,他主动表示会叮嘱朋友搜集更详细的档案,“只是需要更多的耐心,更多的精力和更大的投入”。

谢过尤利的关心和鼓励,我们告别了这位在异国他乡相遇的热心人士。没想到,一天之后,在我们回国的前一天,他给我们带来更大的惊喜。

那天深夜,我们收到了尤利的一封简短邮件,开门见山写道:烈士菲利普·杰尼索维奇·古里耶(简称:菲利普)的遗孀安娜·吉娜西莫夫娜·古拉娅(简称:安娜)在 1940 年曾写信给国防部,咨询烈士家属抚恤金事宜。这封信上留下了菲利普的家庭信息和老家地址——1940 年,菲利普的遗孀安娜与其一个孩子，居住在克拉斯诺达尔边疆区首府克拉斯诺达尔市谢金娜街道 2 号楼 7 单元 49 号房。

幸福来得如此突然。对尤利的无私帮助,我们甚至没有机会当面道谢。在给我们留下这个关键信息后,尤利紧急出差去了美洲。

此时距离境归国日期已不足两天,紧迫的时间不允许我们前往克拉斯诺达尔市。于是,我们赶紧致电瓦西里·伊万诺维奇·伊万诺夫老先生和莎罗诺娃·维克多莉亚·根纳季耶夫娜夫人,将核实地址的事情拜托给他们,希望他们请亲朋好友继续辗转打探。

飞赴俄罗斯“南方之都”核对住址

等待的滋味总是让人牵肠挂肚。

7 月下旬,我们从俄罗斯回国后不久,伊万诺夫老先生和莎罗诺娃夫人都来信表示,对老地址的核实爱莫能助。回国后一时也想不到更好的办法,看来,只有自己实地踏勘才能知道真相。

8 月中旬,我们再度启程奔赴俄罗斯。21 日,在完成莫斯科周边的寻访任务后,对老地址的核实“提上日程”。

俄罗斯幅员辽阔,贸然前往南部总是太过轻率,还是要打有准备的战役。是否可以争取当地政府的支持和帮助呢?

根据克拉斯诺达尔边疆区政府官网的信息,我搜到州府和市府的联络电话,但翻译打过去说明来意后,对方无法确定能否提供帮助,一时也无法转接到专门的部门处理我们的请求。

是否可以得到驻俄罗斯大使馆的指导?驻俄大使馆接电话的工作人员十分热心,但也遗憾地告知对我们想要查的地址和当地的情况并不熟悉,具体的事情帮不上忙,只能提供建议。

近年来两国交往日渐频繁,是否可以从友协、友好城市入手呢?克拉斯诺达尔是否与中国的哪座城市有过关联?

我继续在网上搜寻克拉斯诺达尔市的信息。这座边疆区首府城市毗邻高加索地区,是公认的俄罗斯南方之都。2014 年冬季奥运会就在黑海之滨索契举行。果不出所料,克拉斯诺达尔市与哈尔滨市早已结成国际友好城市。更重要的是,其市长代表团 2013 年 6 月刚刚结束访华——他们归国距离现在不过才两个月。

有了这个发现，我赶紧请报社同事通过武汉市外事办公室联系到哈尔滨外办，希望能找到对方城市的负责人。绕了一大圈后，我们从哈尔滨对外友协处取得了克拉斯诺达尔友协的联络方式，但联络人正在休假，其办公室同事建议找当地房屋管理机构，而他们无法直接提供帮助。

要不直接向这位来华的市长寻求帮助？别无他法，翻译试着拨通了克拉斯诺达尔边疆区区长办公室电话，讲明来意后，工作人员立即告知了克拉斯诺达尔市市长办公室的电话。顺利联系上市长办公室后，我们的咨询请求转达到了外事办公室负责人叶卡捷琳娜·谢尔盖耶夫娜处，电话中她告诉我们，她本人正是今年来华访问的成员之一。听到这里，翻译和我对视一笑——终于找到了对的人。谢尔盖耶夫娜记下烈士菲利普的情况，答应帮我们核实和联络，不过并不能保证答复的时间。

我们在俄罗斯的时间所剩无几，斟酌再三，为不放过任何机会，采访组决定飞赴克拉斯诺达尔边疆区进行探访。

8 月 23 日，揣着这张门牌号的老地址，我们忐忑地登上了去往克拉斯诺达尔的飞机。

低纬度的城市较莫斯科热了近 10 摄氏度，一下飞机，热浪扑面而来。与热浪同来的还有意外之喜——电话才一开机，叶卡捷琳娜·谢尔盖耶夫娜的电话就打了进来，她简短地告知，“刚刚有了新的发现和线索”，坚持见面再详说。

我们直奔市政大楼。叶卡捷琳娜·谢尔盖耶夫娜领着市政府官网的记者尤利娅在一楼接待了我们，上楼简单寒暄后，谢尔盖耶夫娜递过来一张“白纸”，接过来只有一行字——“这是安娜的新地址，在罗斯托夫州沙赫特市！”

原来，谢尔盖耶夫娜请尤利娅核查了我们提供的旧地址，发现安娜已于 1994 年迁往了邻近的罗斯托夫州居住。

尤利娅告诉我们，她通过军事委员会下属的抚恤金基金管理委员会核实了旧地址。该委员会的信息显示，安娜曾于 1994 年办理过手续，将地址迁到罗斯托夫的沙赫特市。她正是向该市的军人抚恤金管理办公室询问到了这个新地址——塔塔尔金娜街道 24 号楼 1 单元 7 号房,并得知安娜仍在领取抚恤金。

“仍在领取抚恤金!”金谢尔盖耶夫娜向我们神秘一笑,而我们都知道这其中的意义——这意味着安娜依然在世!

算起来,这位老人已有百岁了吧?放在普遍健康长寿的俄罗斯,这也是难得的事啊!

尤利娅建议我们前往沙赫特的新地址继续寻找。临行前,我们前往安娜曾经居住的老街。谢金娜街道 2 号楼仍在,是三层楼的白色老房子,7 单元 49 号房在一楼。敲门无人应答,一位老住户告诉我们,他没听说这里有叫安娜的老人住过。

寻找地:罗斯托夫边疆区沙赫特市
在旧居终与百岁老人视频通话

罗斯托夫州位于克拉斯诺达尔边疆以北。沙赫特市与克拉斯诺达尔市间的距离虽不足 400 公里,却并没有高速公路相通,单程也要花 6 个小时。

去还是不去?异国他乡,未知旅途,更何况是在人生地不熟的俄罗斯边疆地区……顾虑因素有很多,但我们绝不能放弃希望。紧张的商讨之后,大家决定继续前往目的地。

我们匆匆在路边吃了俄罗斯饺子算作午餐,一路拦车不得,沿着马路穿过铁路到候车厅外,才找到出租车。很快和一位中年出租车司机萨沙谈好,即刻上路。

直到坐上出租车穿越市区,我们才得以好好打量这座只停留了 2 个小时的城市。

沿出城的方向,路过一栋栋飞行员宿舍,还有数座英雄雕塑。司机萨沙热心地告诉我们,这座城市也是著名的飞行训练基地。这时,我才突然想起,与谢尔盖耶夫娜辞别时,她向我提起过,这座城市有飞行传统,现在依然坚持着一年一度的航展。

虽然安娜已不在此居住，但正是从这里——克拉斯诺达尔，飞行员菲利普·杰尼索维奇·古里耶出发来到了中国。

一路兼程。俄罗斯的天很蓝很低，平坦无际的黑土地上，大片的野生向日葵在夕阳下斜下头，玉米杆都被压沉了腰，地里的西瓜也成熟了，远行的人们可以停下车到地里直接摘下新鲜的西瓜。河边的树旁偶尔见得到一个十字架或是一束花、一张照片，司机萨沙说，这是他们祭奠战争中牺牲亲人的方式。

这里的纬度不低，直到晚上8时多天才渐渐黑下来。夜渐深，凉风习习，月亮很圆，已接近月半了。一个又一个的路标向身后飘过，城际间的道路很直也很黑。

抵达沙赫特市，已接近凌晨，暗沉的夜色中，难以辨识方向。在进城入口处，当地的一位出租车司机在前方带路，穿插了半个小时，我们才找到了——塔塔尔金娜街道24号楼1单元7号房，希望为第二天的拜访做个铺垫。

8月24日，早8时，我们早早起床，再度来到了24号楼前。摁了两次门铃，无人应答。在俄罗斯，拜访朋友都会选择在11时以后，是不是我们来得太早了？铃声惊动了一楼的邻居，隔窗问清事由后，她告诉我们，安娜此前确实曾住楼上，但如今已搬往他处。

我心里一沉。司机萨沙将我们的寻访经历告知这位老人，她让我们走上来敲门。

良久，一位穿着睡衣的老人缓缓地开了门，从门口探出半个身子。她一手捂着头巾，似是刚刚洗过头发，一手举着老花镜打量着我们这群清晨即来惊扰的不速之客。萨沙连忙上前主动给这位老人介绍，我们从中国来，是为找安娜谈谈多年前在那里牺牲的丈夫。

“知道，听说过”，听到这里，这位名为季娜伊达的老人连忙说，以前常常与住在楼上的安娜聊天，曾听她提起丈夫在中国牺牲，“不过，安娜现在不住在这里了。”

“她在哪呢？”

“她被外孙接走了,不住这里了。”

“那她的外孙住在哪呢?”

“在莫斯科州奥金佐沃,她还在那呢。”

“您有她的地址么?”

“具体地址就没有了,她过去有一年多了。”

季娜伊达告诉我们,1994 年, 安娜从克拉斯诺达尔前来此地陪女儿。其女儿 2011 年去世。2012 年,安娜被外孙谢尔盖·达诺夫接到莫斯科州奥金佐沃处居住,目前仍在奥金佐沃。

不过,安娜现在的详细地址,她确实没有了,她们也有一年多没有直接联系了。

难道线索就这样又中断了,前面种种努力顷刻前功尽弃?我们沉默下来,迟迟不肯向这位邻居道别。这时,萨沙也忍不住向老人再次追问:“没有办法联络上安娜了么?”

“哦,那我要带你们去见另一个人!”突然,老人神秘一笑,让我们在门外稍作等候,她换件衣服要带我们去另一个地方。

会是谁呢?我们无法猜测,屏住心气,但我知道这一定与安娜有关。

季娜伊达拿着钥匙走出来,“去 2 号楼找拉伊萨!”

拉伊萨是谁?不等我们的翻译发问,萨沙已经“默契”地与老人聊开了,我们紧步跟在他们身后,这才知道,原来拉伊萨是安娜的亲家,她的女儿正是安娜外孙谢尔盖·达诺夫的妻子。

季娜伊达带着我们绕到了小区另一栋楼中,一位头发花白的老妇人开门,听到季娜伊达的介绍,惊讶中,她将我们请进了门厅。

“上个月 17 日,安娜刚刚过了 101 岁生日,身体仍然健康,思维仍然敏捷,只是听力和眼神不太好”,老人热情而健谈,声音洪亮,转身给我们倒茶仍不忘特意补充,“我们经常在网上 Skype 视频通话”。

拉伊萨说,她常听到安娜提起多年前去世的丈夫,但只知道牺牲在中国,一直不知道具体城镇,“据说不久前,谢尔盖·达诺夫在网上看到了视频,才知道葬在了武汉”。

拉伊萨还听说,安娜全家都已办好了护照,计划去武汉看看。正说着，拉伊萨的儿子一家也回来了，听到母亲的介绍，他径直掏出手机即刻拨通了谢尔盖·达诺夫的电话。

“没开玩笑，他们是来自中国武汉”，拉伊萨的儿子一边看着我们，一边向电话那头的谢尔盖大声确认。

电话那头的谢尔盖一定以为这是亲戚间的玩笑话。直到拉伊萨的儿子将电话递给了我们的翻译，谢尔盖才确信，我们确是来自其外祖父战斗和牺牲的城市——武汉。他提议：“外祖母就在身边，我们视频吧？”

拉伊萨一家热闹地张罗着电脑视频，请我们到电脑桌前的沙发旁坐下。屏幕上闪过短暂的雪花点后，着黑色T恤的谢尔盖向我们打了声招呼，他身后出现了一位白发老人，头发整齐地向后拢着。“我把外祖母扶过来”，谢尔盖转过身，穿着蓝色小花裙的老人缓缓坐下。“你好！”这就是安娜！她的话音稍有颤抖却依然清晰。

“您好！”我们赶紧问候老人，这时老人向前凑近了身体，将手拱起放到耳旁，侧耳试图听清什么。“也许电脑效果不好，声音不够大，外祖母听不太清”，一旁的谢尔盖赶紧解释。安娜年岁过高，耳朵也不好使了，只能靠他在旁复述。

“我们从中国武汉来，可以来拜访您吗？”

谢尔盖请外祖母回房休息，接连报给我们家里的两部手机号码，约定第二天中午我们去他家中拜访。

为了不耽误行程，我们匆匆结束视频，谢过拉伊萨一家，赶紧定好了回程机票。

下一站，莫斯科州奥金佐沃，我们将见到烈士的百岁遗孀。

百岁烈士遗孀五世同堂的家族出了三代飞行员

一路兼程从罗斯托夫州的沙赫特到克拉斯诺达尔，又连夜赶回莫斯科。我们为找到安娜，绕了一个大圈。但这一程，我们最安心——为了不“弄丢”我们，谢尔盖将家里两个电话号码都留给了我们。

2013年8月25日，天刚露出一抹鱼肚白，我们又一次钻入莫斯科城下的地铁迷宫,转乘城际电力火车前往莫斯科州。

步出火车站,潇潇细雨,裹着冷风迎面扑来,让刚刚从南部酷暑中归来的我们,冷不防打了好几个冷颤。看看手表,9 时了,刚好是我们约定的时间,火车站外一片坦荡的停车场,人群穿梭。茫然感油然而生,等待我们的会是谁呢?

就在这时, 三位身材魁梧的俄罗斯人从不远处径直走向了我们,"你们是从武汉来的客人吗?"还未走近,走在最前的黑衣中年人向我们问候。定睛一看,这不就是前一天与我们视频通话的谢尔盖·达诺夫吗?和他一同前来的还有弟弟伊戈尔·阿多里法维奇·达诺夫,以及他的女婿。

"全家人都到齐了,等着你们!"谢尔盖拉开车门,开车带我们去家中。原来,昨日和我们视频后,他赶快通知了全家人——住在附近的弟弟伊戈尔·阿多里法维奇·达诺夫也是飞行员, 正好趁这个周末回家聚会,共同欢迎我们这些来自武汉的客人。

车子很快离开火车站在城中快速穿梭,我们看着一座座英雄雕塑往后快速退去,在一个中央广场处,出现了一排显眼的火箭炮。正疑惑,谢尔盖说,奥金佐沃是座著名的军事城,现在仍是火箭炮基地,他与夫人、儿子、女婿都在当地部队服役。

"您的外祖母安娜身体还好么?"

"她的身体很健康,上午在家要接受电视台的采访,谈长寿秘诀。"

"长寿秘诀?您的外祖母今年已有百岁了吧?"

"是的,老寿星今年 101 岁了啊!"

"那她的长寿秘诀是?"

"外祖父菲利普在战场上牺牲后,外婆并没有倒下,她一直在工作,性格乐观,无论有多难,她都没有放弃生活。"

谢尔盖说,长寿的外婆安娜是部"活历史"。她跨越了贯穿着"战争与和平"主题的 20 世纪,见证着历史。多年来,她没有改嫁,至今还冠着丈夫的姓:古拉娅。

101 岁高龄的安娜女士，虽年事已高，但思维非常清晰，回忆起丈夫当年的往事和丈夫牺牲后的艰难生活时，说到伤心处，老人潸然泪下。

安娜一家五代人的全家福

历经战火，安娜留存的丈夫菲利普·杰尼索维奇·古里耶的三张照片，有的已四角残缺。

每年的卫国战争胜利日，安娜都会收到一封来自俄罗斯联邦政府的纪念信。

俄罗斯政府颁发给安娜的战争阵亡将士遗属证件

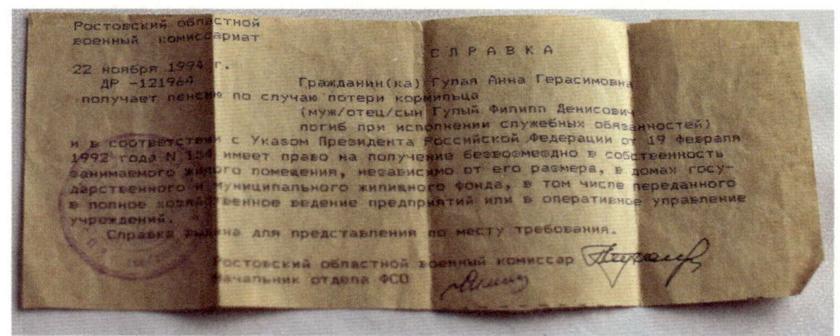

Ростовский областной
военный комиссариат

СПРАВКА

22 ноября 1994 г.
ДР -121964

Гражданин(ка) Гулая Анна Герасимовна
получает пенсию по случаю потери кормильца
(муж/отец/сын Гулый Филипп Денисович
погиб при исполнении служебных обязанностей)
и в соответствии с Указом Президента Российской Федерации от 19 февраля 1992 года N 154 имеет право на получение безвозмездно в собственность занимаемого жилого помещения, независимо от его размера, в домах государственного и муниципального жилищного фонда, в том числе переданного в полное хозяйственное ведение предприятий или в оперативное управление учреждений.

Справка выдана для представления по месту требования.

Ростовский областной военный комиссар
Начальник отдела ФСО

安娜领取政府抚恤金的证明

“他们都是我的小太阳”

雨越下越大，车子在部队的家属楼区停下，收了雨伞，我们乘电梯来到三楼。

“快请进，等到你们了！”女主人们听到门外响动，出门拥抱我们，又悄悄指向屋内的客厅，原来安娜正在客厅接受电视台的采访。

远远望去，坐在沙发上的安娜，雪白的头发向后盘起，黑色圆点的白衬衣配上黑色长纹的连衣裙，是位优雅的老人。

我们微微探身向老人挥手致意，转回到进门处的餐厅休息等待。

刚端起茶杯，站在门口的谢尔盖喊了一声：“外祖母！”扭头一看，安娜稳稳当当地走了进来。我急忙站起身走向前，安娜一把抓住我的手，贴近我的脸，两行泪从脸颊上滑落，“感谢你们过来，感谢你们没有忘记我的丈夫，他是为了保卫你们的城市而牺牲的”。在我的耳边，她的声音清晰而洪亮。我顿时哽咽，老奶奶也激动地抽泣起来，谢尔盖连忙上前轻轻安抚她，扶着她坐到桌前。

电视台的灯光再度打亮，这一次对准了我们，跟拍我们对烈士遗孀安娜的采访。

安娜缓缓坐下，一直紧紧攥着我的手，热心地介绍着她五世同堂的大家族。

安娜眼神不太好，只能依着熟悉的轮廓，介绍她的孩子们——外孙谢尔盖·阿多里法维奇·达诺夫和伊戈尔·阿多里法维奇·达诺夫，外孙媳玛丽娜·弗拉基米洛夫娜，曾外孙女玛利亚·谢尔盖耶夫娜和她的丈夫亚历山大·尤里耶维奇，还有玄外孙弗拉基米尔和娜杰日达。

2013 年 7 月 17 日，老人刚度过了 101 岁的生日，她最小的玄外孙女娜杰日达 1 岁半——他们的年龄相差了近一个世纪。

“他们都是我最亲爱的小太阳！”安娜亲昵地叫唤。谢尔盖贴近她听力稍好的左耳转述客人的问候，听到这里有些不好意思。

在安娜的眼中，所有的孩子们都是“亲亲小太阳”。只要叫一句“小太阳”，孙辈们总会贴上她的脸颊听她说话。

“小外孙伊戈尔和他的外公很像”,她特别向我们介绍。伊戈尔继承了外公菲利普的事业,如今也是一名飞行员。

菲利普到底长什么样?谢尔盖遗憾地说,家里没有外公的照片。安娜却说:“还有一张,在老家书架最下层格子里!”

于是,又一通电话打回沙赫特市亲家家里,那边的老人热心跑回对面的楼栋,去取那仅存的菲利普少尉军装照。

入伍两年成为飞行队长

渐渐平复下来的安娜,不等我们发问,缓缓开启了那段尘封已久的记忆。

出生于 1909 年的菲利普·杰尼索维奇·古里耶,不仅是家族的骄傲,更是家乡克雷洛夫斯卡亚全村人的骄傲,他是那里的第一位飞行员。

现在仍是民航飞行员的伊戈尔特别补充,“克雷洛夫”在俄语中还有飞翔的意思。

1935 年入伍成为一名苏联空军时,菲利普只有 26 岁。仅仅一年后,这位第七轻型轰炸机大队初级飞行观察员,就获得了中尉的军衔;又只经过一年,1937 年 6 月,这位飞行员战士迅速被提拔为上尉;就在当年底,他成功晋升为高速轰炸机队第八大队的队长。

军事档案上,清晰的时间轴印证了这位初级飞行员的快速成长。

安娜记得,菲利普此前离家最远的一次,是去东部的西伯利亚执行任务。在寒冷的西伯利亚城市赤塔,他爱上了热乎乎的饺子。“在那里,我学会了包饺子。”安娜也随着丈夫在那里生活了一段时间,丈夫的口味让俄罗斯式的“帽子”饺子在家里大受欢迎,安娜也由此学了不少其他餐点手艺。

军事城中的生活与寻常人家有很多不同。菲利普身为军人,大部分时候面容严肃,但对妻子和女儿总有难得的细心。在这里最常听到的,是回旋整个军营上空激昂的革命歌曲。“有空在家时,我们偶尔也会一起唱唱”,兴致高的时候,这对年轻夫妇会在家对唱一首。

一场军中晚会，熟悉的军旅歌曲响起，菲利普自告奋勇地跑上台表演歌唱，让安娜大吃了一惊。

“他可是个严肃的人啊，难得有这么活泼的表现。”

“唱的是什么歌呢？”

“那好像是首乌克兰革命歌曲吧，他的声音非常的高昂洪亮。”

虽已过去七十多年，安娜依然记得这个细小的片段。歌名早已记不得了，但谈起那天丈夫的出色表现，安娜满脸的幸福，更有自豪。

军营中的文化生活丰富，激愤昂扬的革命歌曲和即兴的音乐节目既鼓舞了战士们的士气，也点缀了他们的军旅生活。那个时代的歌曲会是怎样的呢？在老战士回忆录中，我找到了战士们喜爱的一些歌曲，比如《卡秋莎》《优洛恰也夫卡》《叶尔玛卡和小伙子》《卸套马》《我们的铁鸟越飞越高》，还有《共青团员们走上国内战争的战场》。

在B·Д·齐姆良斯基的回忆录《为了你，淑英！》中甚至描绘了一段战士们的新年音乐会：

我们在古城迎接了1938年。

基地主任萨沙·波里季金在土坯房里举行了节日晚餐。用木床拼起来的桌子旁坐着转运飞机的人员和基地工作人员，坐在上席的是AHT-9飞机的飞行员柯尔舒诺夫和柯道夫。然后举行了音乐会，费道尔·柯尔舒诺夫表演了《巴拉莱卡琴的特技》——可以这么叫这个节目。他像个杂技演员似的把琴向上抛起，同时乐器演奏出乌克兰歌曲《跳吧，我的格雷琴尼奇》的曲调，然后他熟练地拉起了俄罗斯式的单排键手风琴，演奏了维尼雅斯基的《玛祖卡舞曲》。我也表演了自己的节目——口琴，晚会结束时基地医生罗伯特很出色地演唱了抒情小调《蓝眼睛》。这次远离祖国的有纪念意义的新年晚会到很晚才结束。

“他就是我心中最帅的男人”

最刻骨铭心的，还是那场最后的别离。老人记不得具体的时日，推算起来,应该是在1938年年初。

"那时我们还一起住在克拉斯诺达尔的军事小城。那个清晨,同往常一样,菲利普和我一起吃完早餐,然后道别出门。"

"我只知道他又要出差了。"

"地点是哪里,我不知道,也不能问。"

她说,军人为国效力执行任务是天职,奔赴的地点,她并不总是知道,但仍记得丈夫离去的背影。

"他是我最亲最爱的人啊!高高的个子,褐色的眼睛,卷曲的头发,是我心中最帅的男人。"

说到这里,她不由自主地往小外孙伊戈尔处望了望,这位小外孙和丈夫长得很像,她似乎想找到丈夫更多的回忆。

虽然国际局势不大太平,军事基地的气氛还算平静。西部的西班牙在打仗,陆陆续续有苏联战士前往支援,但往东的中国战场,还没听说有战士执行国际主义任务。

"那时菲利普还很年轻,还从未上过战场。"

"那个时候,我只有26岁啊,女儿也只有2岁。"

陷入深深回忆中的安娜,久久未再开口。丈夫的一颦一笑,一举一动,那一回别离的情景,早已在她的脑中回放了无数遍,每一次她都会努力地记住与丈夫别离的最后时刻。

退伍空军少将Я·П·普洛柯菲也夫在《保卫中国的天空》则记录了他与妻子道别的那个时刻——那是战士们肩负使命却不得不远离妻儿的艰难再见:

十月,一个飞行日结束时,政委彼尔施诺夫叫住我,要我在离开机场前到他那里去一趟。

"空军某一个部找您。"政委说。

在某一个部,他们通知我:

"请您来是想要您去当志愿飞行员。"

我还没等他讲完就问:

“到西班牙？”

“不！想要您去中国。那儿的战争很艰苦，很危急，需要的就是志愿战士。”

“我同意。”我回答。

“您考虑一下，不要急于回答，您有家，有孩子，这件事是自愿的。”

“我什么都考虑过了，我同意，谢谢你们的信任，我不会辜负希望的。”我坚定地回答。

第二天，我把我的决定报告了大队长H·H·布扬斯基和政委彼尔施诺夫，他们像父亲般地为我祝福，答应照顾我的家庭。

我们大队去中国的志愿战士还有几个飞行员和技术人员，但我们只是在火车站上车前才见了面。

走之前，我再一次来到了中央机场的前霍登斯克机场，机场上正在铺砌第一条水泥起落跑道，我是在这个机场开始自己的飞行生涯，投入到团结的、醉心于飞行事业的空军学校这个大集体。

我在莫斯科上空的飞行结束了。遥远的地方等待着我的是新的空中之路和困难的考验。我第一次这么早就背着装满了我所有的飞行服装的降落伞背包回家了。

妻子在洗衣服，她挺直了身子望着我发愣的脸，什么都明白了。白色的肥皂沫从她的手上滴落到地板上，紧紧裹在襁褓中的两周的孩子睡在床上，在电灯光的照射下不眨眼地望着天花板，要说的话一切都明白了。

每天，当飞行员们离开家执行任务的时候，对于他们的妻子来说，就是紧张等待时刻的来临。

“这一次，他去了好久都没有回来。”安娜缓缓地说道，与以往出任务不同，几个月后，安娜收到丈夫寄来的一个包裹，“那是他在给我报平安”。

包裹上只有收件人的名字，却没有丝毫关于丈夫踪迹的线索。

包裹中，有一块给安娜的女士金表、一枚给女儿佩戴的信物，还有一封菲利普的亲笔信,“他说一切都好,一切顺利,让我不要担心”。

这是丈夫给她留下的最后纪念。女儿小时候系过的信物早已不见了,金表也因在困难年代给女儿筹钱治病,不得已当掉,如今只剩下丈夫的信件还陪在她身边。

在老家书架最下层的格子里,安娜将丈夫所有的信件整齐地珍藏着,正是在那里,夹着那张仅存的菲利普军装照。

这时,老亲家拉伊萨也回来了,电脑视频中她举起了那张军装照。

照片的四角已有些破损,但菲利普的容貌仍清晰完整:深邃的眼眸,浓厚的眉毛,还有坚定的眼神——这正是我们武汉解放公园烈士墓碑上,军职最高的那位苏联空军志愿队战士。

从国防部回来才得到噩耗,从此靠自己养活家庭

菲利普在中国的战斗,我们找寻至今仍无从知晓,老战士回忆录中也没有提及。对于这位领航员的战斗,我们只能从同样是领航员出身的П·Т·索宾在《阿拉木图—兰州空中桥梁》中的记述,了解他们当时特殊而艰险的工作:

我们在地图上标注上航线,讲好了各机组间规定的联络信号,因为那时候还没有学会无线电通信技术。

第二天一大早我们就从恩格斯起飞向塔什干方向飞去,飞机上的无线电台还没有用上,因此,我们既没有航线的无线电信息,也没有无线电导航台,飞行就只能靠可以看得见的地面目标判定航向。飞机上还没有装无线电传话器,如果需要飞机向左转或向右转时,机组成员之间的交流靠的是字条或发光的信号。

……

在我们的航线上没有任何着陆的灯光。队长命令发射信号火箭,我接连发射了两个绿色的火箭。过了一会儿,在其中一个机场上升起了同样颜色的火箭作为回应,接着又升起了第二个火箭。

……

空中航线基本上是沿着“多契卡”的土质公路飞行的。从1938年初起，这条土质公路行驶着装有飞机、武器装备和备用零部件的集装箱的车队。从萨雷-奥采克火车站到兰州，这条路汽车驮运需要走一个月，ДБ-3А飞机不着陆飞行需要10个小时。

在晴朗的天气从空中看这条土质公路非常清晰，公路上行驶着的车队也可以看得非常清楚。但在阴雨的天气，它的某些路段就消失在沙漠中了。

……

阿拉木图—兰州航线上的机场通常是建在从前的公墓地区，没有人工修筑的供起飞、着陆的跑道。甚至常常会有这种情况：坟墓忽然出现在面前。有一些机场还在机场边上修筑不高的石块围堤，以防止山上冲下来的泥石流，飞行场地上通常有很多石块，长官几乎每天都要动员当地的居民来清理机场。但是石块仍然还有。因此，每一次飞行员在起飞或降落时都要被提醒，叫他们千万小心。

И-15和И-16战斗机的驾驶遵行以下规则：首先是长机起飞，它在空中飞一个圈，然后其他战斗机一个接一个地起飞，跟着长机加入队伍，再遵行到机场的航线以分队或成双地着陆，长机在飞行时应该注意观察：有谁掉队了。

……

大约在1938年2月，我接受了红军空军副司令阿列克赛也夫交给的一个任务：开始着手记载阿拉木图—兰州航线的情况。我满腔热情地着手准备这一重要而又必需的文件。在飞行时我仔细地研究航线的每一个地区，对航线上的线状或点状的地标画出勘测草图。我有两架照相机用于空中摄影，对各个目标和地标拍摄照片。我在回到苏联后把所有对航线的记载和资料全部交给了红军空军总司令部。

意外收到包裹后，安娜又失去了丈夫的消息，这一次的时间更长，直至她被叫到了莫斯科。

具体时间安娜已经记不清楚。她只记得,一路上她都不知道此行的目的。在莫斯科的国防部,她见到了一些跟她一样长途跋涉而来的军人家属。

“他们(国防部官员)问我在家乡的生活情况和住房条件,还说给我一套在莫斯科的住房,房子会很好。”

安娜不明所以,拒绝了莫斯科的房子。

“我的家人和朋友都在克拉斯诺达尔。”

在莫斯科停留期间,安娜依然没有获得关于丈夫的任何音讯。

突然,安娜激动了起来。

“等回到家,我才收到丈夫的死讯!”说到这里,老人的眼泪直直地落了下来。

“我不要房子,我也不要钱,我要我的丈夫。”

26 岁的她带着 2 岁的女儿,“我的生活,到这里就结束了”。

直到这时,她才收到国防部寄来的死亡通知书,正式告知丈夫“因执行特定任务而牺牲”,并给予每月 100 卢布的抚恤金。

抚恤金实在不多,放在 75 年前的苏联小城,也维持不了母女俩的生活。更重要的是住房。丈夫牺牲后,她与女儿只能挤在老房中,4 家人共用一个卫生间。为给女儿争取好一点的生活条件,她给国防部写信,想要回那套曾经承诺分给她的房屋——此前,我们正是在烈士菲利普的档案中,通过这封信查到了安娜的老地址。

房子的事一直没有下文。战争接踵而来,生活也越来越艰难。安娜决定重新去找工作。她幸运地找到一份银行会计的工作。在失去丈夫后,安娜重新融入社会,“靠自己去养活家庭”。

在谢尔盖看来,外婆安娜这份长达 22 年的工作,让她直至老年依然保持了敏捷的思维和清晰的记忆。

而关于丈夫,安娜依然未能探知更多的信息,他在哪里战斗,在哪里牺牲,又为何献出了生命?一直无法得知。就连所授的“红旗勋章”——仅次于“苏联英雄”的荣誉,她也未曾领到过,只是依稀记得曾经在莫斯科的一面墙上看到受勋的战士名单。密密麻麻的战士姓名,最上面是获得“苏联英雄”称号的烈士，在接下来获得“红旗勋章”的战士名单中，她找到了丈夫菲利普·杰尼索维奇·古里耶的名字。

值得欣慰的是，每年的5月9日胜利日，她都会收到由总统亲笔签名的慰问信。

她打开最近的一张卡片，指给我们看最下方俄罗斯联邦总统普京的手书落款，一字一顿地念着：“衷心地祝愿您68周年胜利日快乐，你们这一代经历了艰难的岁月，并战胜了一切困难，保卫了祖国的独立和自由，从纳粹拯救了世界，我们为你们感到自豪，你们信仰坚定，是爱国主义的楷模。在团结的胜利日，祝您健康，一切顺利！”

百岁老人期待来汉扫墓

不知不觉过了午时，老人该歇息了，谢尔盖悄悄提醒我们。扶着外祖母，他将我们领进了客厅。

茶歇时间，安娜解决了一块蛋糕、两杯红茶。趁此空档，摄影记者给五代人拍下了全家福，我们将《大美武汉》的画册送给她，邀请她与家人去武汉。在画册上，她认出了广阔的河流，谢尔盖告诉她这里正是外祖父当年战斗的地方，安娜点点头，她明白这里是丈夫的归处。

2013年7月17日，安娜刚刚度过101岁的生日。她的女儿然娜·菲利波夫娜已于两年前因病离世。

五世同堂的大家族是她的骄傲。更令她自豪的是，这个家庭继菲利普之后，又出了两代军人，且都是飞行员。安娜的女婿是飞行员，第二个外孙伊戈尔·阿多里法维奇·达诺夫也是。

尽管有家人在军队服役，寻找菲利普的信息仍异常艰难。谢尔盖说，两年前，他才在网络上搜到关于南京和武汉苏联空军志愿队的墓碑情况，正是从这些源自网络的照片和视频中，他们才终于得知“外祖父菲利普的墓碑在武汉”。

按照俄罗斯的传统，因为没有遗骨，家人并未为菲利普立碑。菲利普牺牲的日期亦无法确认，所以他们也只能在胜利日凭吊一下外祖父，听外祖母安娜讲讲当年的故事。

如今，这段秘密援华史已解封，谢尔盖渐渐找到了外祖父菲利普更多的信息。他甚至查到，当年外祖父菲利普在中国还取了个姓陈的中国假名。

“对外祖父，我很自豪。重要的是不要忘记历史。战争不应再发生，历史也不能再重演。”

谢尔盖告诉我们，确定外祖父的埋葬地和牺牲情况后，家人已办好了护照，计划去给外祖父扫墓，看一看墓碑和当年他战斗的城市，“带着外婆，可能在她105岁的时候吧！”

没想到安娜立刻反问：“为什么不是在我110岁时呢?”这位坚韧的老人为亡夫养育了一个枝繁叶茂的大家庭，更希望能一直守护下去。

见面两个月后，遗孀过世，历史见证人又少了一位

在我们赴俄寻访苏联空军烈士之旅中，101岁的安娜·吉娜西莫夫娜·古拉娅年龄最长，也是唯一在世的烈士遗孀。然而，几个月后，我们得知，这位历史见证者已于当年10月15日离世。

消息是从俄罗斯《中国与俄罗斯》杂志社总编辑弗拉基米尔·别列日内赫那里传来的。2013年11月，在编发《长江日报》的寻访报道时，他对安娜产生了浓厚兴趣。联系她家时，却意外得到老人离世的消息。

11月28日晚，我们跨国连线安娜的外孙谢尔盖，得知安娜的葬礼刚举行完毕，骨灰已送到罗斯托夫边疆区沙赫特市，与其两年前去世的女儿一起合葬。那是她与菲利普唯一的孩子。

谢尔盖回忆，外祖母一直身体硬朗，那天突然昏迷，立即送到医院也没能抢救过来，连句遗言都没留下，“但她离世前终于知道外公墓碑的所在，应该是放心地走了”。

他特别提到，我们来访时拍摄的全家福他已经收到。照片上，安娜被晚辈们环拥着，十分精神。这张照片，是她的最后一张全家福。

8月25日我们到访时，当地电视台正在采访“长寿老人秘诀”。听说

我们的采访意图，他们即刻转换了报道主题，将镜头对准本报记者。很快，老人和她的家族成了这个小城的焦点。谢尔盖在电话中告诉我们："电视台、报纸和广播都在说外婆的事，我们家本来默默无闻的故事真正成了光荣的历史。"谢尔盖已收集了所有关于外祖父母的报道，遇上有兴趣的亲人朋友，会给他们看看，"将来再带来武汉给外公看"。

"外婆离世前，终于确认了外公的安葬地，也有更多人了解了家族的光荣历史，算是圆了外婆的心愿，也圆了我们家里人的心愿。"谢尔盖说，他将完成外祖母的遗愿——来武汉给外祖父菲利普扫墓。

从我们这里听到安娜辞世的消息后，俄罗斯老战士委员会副主席瓦西里·伊万诺维奇·伊万诺夫也深表遗憾。他感叹，历史的见证人又少了一位。

小传

菲利普·杰尼索维奇·古里耶

Филипп Денисович Гулый

1909年生于克雷洛夫斯卡亚村,1935年入伍。1936年4月7日,作为第七轻型轰炸机大队初级飞行观察员,获得中尉军衔;1937年6月15日,晋升为上尉;当年12月19日,再次擢升为高速轰炸机队第八队队长。

1938年初在克拉斯诺达尔加入苏联援华空军志愿队,1938年8月12日牺牲于江西九江(南昌)的空战。

军事档案记载,死亡被除名时间为1941年6月7日,牺牲时时年29岁。

菲利普·杰尼索维奇·古里耶的遗孀安娜·吉娜西莫夫娜·古拉娅,于2013年10月15日,以101岁高龄离世。他们唯一的女儿然娜·菲利波夫娜在2011年因病去世,两名外孙谢尔盖·阿多里法维奇·达诺夫和伊戈尔·阿多里法维奇·达诺夫目前生活在莫斯科州的奥金佐沃。

第十章
他们都还活在档案馆里发黄的信息卡上

2013年6月底，我们从北京启程前往俄罗斯前，与时任俄罗斯国防部保卫祖国烈士纪念管理局派驻中国的官员卢秋科先生会面，他建议我们前往俄罗斯国立军事档案馆探访。据他介绍，上世纪30年代的苏联援华空军志愿队战士档案已被解密，大部分都已转移到俄罗斯国立军事档案馆供亲属公开查阅。

我们抵达莫斯科后，按照官网上的邮箱地址，立即给这家档案馆写信咨询。

2013年7月6日，在莫斯科州的波多明斯克，烈士伊凡·尼科诺罗维奇·古罗夫的侄女加琳娜·弗拉基米罗夫娜·波什金娜曾带着我们前往俄罗斯国防部中央档案馆寻找烈士档案，也获悉相关资料已移交到位于莫斯科的国立军事档案馆供公开查阅。

而待我们在莫斯科完成采访后，仍未收到任何来自俄罗斯国立军事档案馆的回复。焦急等待无济于事，何不亲自前往一探究竟呢？

7月8日，我们拿着正式申请信函出发了。

从临近郊区的地铁站出来，循着当地民众的指引，我们找到了隐逸在一大片低矮居民楼中的俄罗斯国立军事档案馆。

“档案馆的门关了？”转到门前，档案馆的黄色木板门紧闭，门上贴着一张“闭馆一个月”的告示——当天，正是其夏季闭馆的第一天！

闭馆了还能查询资料吗？“时运不济”的我们硬着头皮敲门闯关一试。

推开档案馆的门，当值警卫询问我们的来意后，将我们引到了咨询窗口。工作人员大为吃惊：“这里很少有外国人申请查阅历史资料，你们是来查找档案的第一批中国人。”

这位工作人员表示档案馆已进入休馆期，大多数工作人员已休假，任何查询都需等待一个月后重新开馆才能进行，她建议拨打其官网上的咨询电话。

我们拿起电话,尝试几次都无人应答。再度求助这位工作人员,在我们的坚持下,她接通了内部电话,并给了我们一个新的号码——文献应用部的负责人维克多·安纳多利耶维奇·米拉诺夫(简称:维克多)先生的电话。

维克多先生的手机接通了,听明了我们的来意,他表示将立即下楼来接待我们。

足足等了一个小时,维克多先生才处理完手头工作,得空下楼。他告诉我们早已收到我们的查询邮件,可以帮我们搜集资料,但困难较大,"此前的资料都是卡片资料,不成系统,需要人工整理。没有预约,目前也暂不能带你们进入馆内查阅"。

"太遗憾了。"看着我们失望的表情,维克多突然问道:"你们带了介绍信么？"

我们立即递给他,"那我们先上楼去见见副馆长"。短短几分钟,我们的心情犹如过山车般起伏。最终，维克多带着我们省去了程序性的申请,直接见到了档案馆的负责人。

见面时间很短,但两位负责人爽快应承了我们的请求。不过,找寻档案需要时间,在得知我们离境的时间后,他们建议我们在回国的前一天再来档案馆取资料。

7 月 10 日,在结束第一次寻访之旅离境归国的前一天,我们再一次来到俄罗斯国立军事档案馆,维克多如约在这里等待着我们。

"这是我们匆忙找到的军事档案。"从楼上下来,他递给我们三张打印纸——薄薄的文件在我们手上似有千斤重，这正是档案馆的工作人员赶在我们归国前查找并整理归类完成的所有资料。

维克多指着文件,一条条地向我们解释,"这里是从国家档案也就是红皮书上摘录下来的对苏军援华历史的记载；这里是来源不同的档案文件中对烈士身份的记载，后面有具体的资料来源供参考。时间很紧张，目前只能找到这几位的资料了。”

“苏联援华在当时属于秘密性质，在很长一段时间内，关于这段历史的记载也未能公开。因此在客观上，档案文件的继承和完整性受到极大影响，导致现今这段历史资料缺失。”维克多说。

据他介绍，档案馆中关于在汉牺牲苏军志愿者的资料，主要来自三个方面。首先是国防人民委员部的命令，其次是俄罗斯联邦政府出版的《纪念》史册第一卷，再次是战士的个人登记卡。

维克多表示，当时的国防人民委员部相当于现在的国防部地位。其发出的嘉奖命令是军事档案的主要部分，依据烈士的姓名排序，该档案馆将所有当年的命令整理成士兵的个人军事卡片。此次提供的档案中，就有 8 位烈士的资料来源于军事卡片。

俄罗斯联邦政府于 2008 年组织编写的史册《纪念》，第一卷讲述了苏联从 1923 年到 1941 年的历史。长达 10 页的章节“苏联的国际主义任务”提到了这段援华史，更图示了埋葬在中国的苏联烈士墓碑方位，武汉正是其中一处。这段史料中，也整理了 10 位烈士的档案资料。

“当年参加空军的红军战士都是部队中的精英。从他们的晋升时间来看，这些士兵大多在半年内就获得了提拔，说明这些战士素质十分优异。”维克多解读。

这就是完全的档案吗？为何没有战士的照片？能否通过这个档案查找到战士的家乡、联系到他们的亲属？我们的疑问依然很多。

维克多遗憾地表示，仅靠军事档案是不足以还原战士全貌的。最重要的资料是他们的个人登记卡。完整的个人登记卡应包含战士的入伍照片、个人履历和家庭状况，但现在已无法完整搜集 75 年前的历史档案。“我们需要更多时间”，他再次向我们强调。

此外，档案显示，这一批援华空军战士在部队中的档案除名时间均集中在 1941 年的 6 月 7 日。这个时间稍晚于死亡通知书的发放时间。

据了解，俄罗斯国立军事档案馆隶属于俄罗斯联邦国家档案局，归属文化部管辖。在军事档案的管理上，俄国防部中央档案馆主要收集卫

俄罗斯国立军事档案馆所保存的 1936 年至 1940 年苏联空军志愿队战斗服彩色照片

俄罗斯国立军事档案馆所保存的 1936 年至 1940 年苏联空军志愿队军服彩色照片

苏联英雄勋章

红旗勋章

列宁勋章

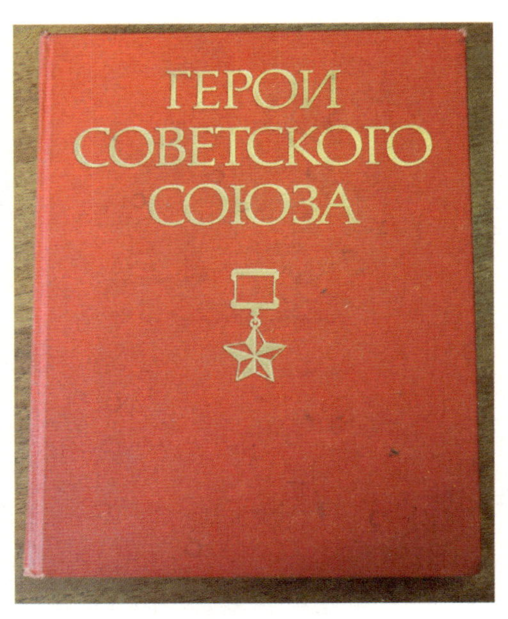

俄罗斯国立军事档案馆所保存的《苏联英雄名录》(第二卷)，记录了在汉牺牲的苏联空军志愿队烈士马尔克·尼古拉耶维奇·马尔琴科夫的相关资料。

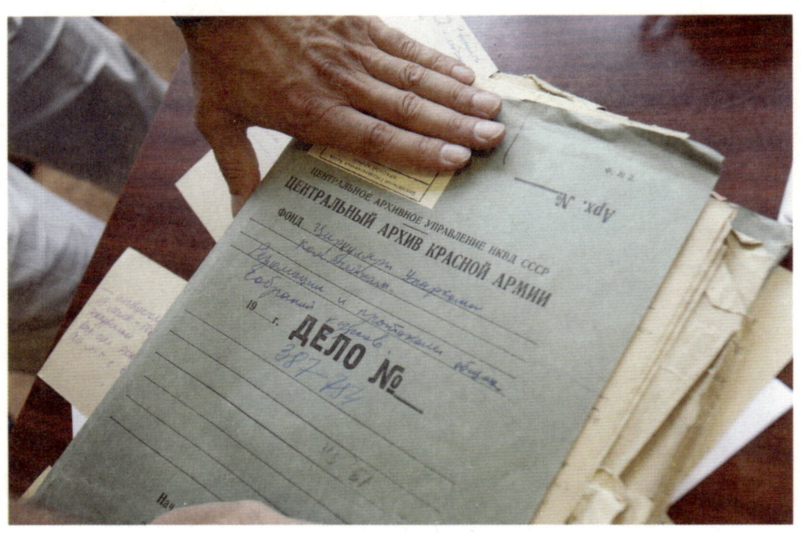

俄罗斯国立军事档案馆的管理工作人员拿出苏联红军档案，查找苏联空军志愿队烈士的信息卡。

俄罗斯国立军事档案馆所保存在汉牺牲的苏联空军志愿队烈士伊凡·伊里奇·斯图卡洛夫的档案原件

俄罗斯国立军事档案馆所保存在汉牺牲的苏联空军志愿队烈士瓦连金·谢尔盖耶维奇·考兹洛夫的档案原件

国战争后的档案,这里则分流了1941年前的所有军事档案,其中就包括1937年开始的苏联援华历史档案。

另据推测,苏联援华约在上世纪60年代开始为外界所知,直至90年代左右历史档案大规模解密,民众可申请公开查阅。

援华战士都是经验丰富的飞行员军官

这些来之不易的尘封档案,解密苏联空军志愿者的身份,呈现了苏联战士来华参战及至在武汉空战牺牲之前的主要军队生涯,补充完善了此前我们在国内寻访获得的信息——在汉牺牲的15位苏军烈士的军事档案,还原了一位位在精锐的空军部队中训练有素、成长迅速的年轻军官。

我们从国立军事档案馆中申请到的档案主要是军事档案,稍有别于个人档案。个人档案是战士个人情况的介绍,军事档案则主要显示战士在部队中的服役经历。

苏联上世纪20年代结束国内战争后,空军开始大规模的正规化建设,体制编制和作战能力也日趋完善,目标是进入世界空军强国行列。上世纪30年代左右,随着国际局势的恶化,一大批年轻人被征召到空军部队中。

空军被誉为精英部队,备受社会各界推崇。在当时能够加入空军战士的行列是对优秀士兵的肯定。

这份档案显示,在汉牺牲的大多数空军战士大概都在20岁左右参军入伍。年龄最小的约在16岁就加入了红军部队,也有数位战士从飞行员军事院校毕业后开始服役。在1938年左右来中国前,他们在军中已服役多年,都已成长为训练有素的空军战士。

轰炸机大队是他们集中服役的部队。他们分别来自苏联空军第7轻型轰炸机大队、第4远东航空大队、第12高速轰炸机大队、第35重型轰炸机大队、第8轻型轰炸机大队以及第107歼击机大队。

几位飞行员入伍一年就成为中尉

在汉牺牲埋葬的15位烈士基本为初中级指挥官，其中六位战士拥有上尉军衔，两位拥有中尉军衔，两位为二级军事技术人员，一位是初级排长，三位是初级指挥官。

根据苏联的军衔等级制度，次于校级的尉级军衔属于中级指挥官，分为三级尉官军衔，即大尉、上尉、中尉。1937年8月增设准尉军衔，其后一级为初级指挥员。

在这份军事档案中，来自国防人民委员部(即相当于现在的国防部)的命令显示，这一批牺牲在武汉的苏联空军志愿者，大多半年就获得一次嘉奖提升，在部队中成长迅速。

他们有的从初级飞行观察员成长为高级飞行观察员，再成为领航员，甚至晋升为大队指挥官。几位特别优秀的飞行员仅在入伍一年后，就获得了中尉军衔。

这些拥有丰富飞行经验的飞行指挥官想要来到中国完成国际主义援助心愿，也并不容易。他们还需要经过严格的筛选和考核。档案中特别标注了党员身份，在当时是“政治过硬、觉悟高尚”的表率。在15位烈士中，就有4位苏共党员和5位苏共预备党员。

空战地勤人员齐上阵

在这15位烈士中，乌拉基米尔·伊凡诺维奇·巴拉莫诺夫和米哈伊尔·德米特里耶维奇·绍什洛夫两位空军志愿者的身份稍显特殊——他们的军衔是二级军事技术人员。

区别于空军指挥员，他们是苏联空军中的中级技术主管人员。技术人员从理论上讲不用上天打仗，但在战时却是空军支援部队中不可或缺的兵种。他们之中有机械师，有气象学家，有工程师，有飞机装修工，甚至还有医生。

在援华的前期和后期，由于人员和飞机的缺少，这些地面战士也紧急登上战机担任领航员、射击手，与飞行员一起打下不少敌机。对此，苏联英雄Φ·Π·波留宁在其回忆录《国际主义的义务》中就曾提到："机组人员中射击手还不齐，最初一个时期就由飞机机械师代替他们。"

此外，关于15位苏联烈士牺牲的原因，档案记载也让我们有了更详细的了解。

自1938年1月5日从南京转到武汉基地，他们参与了数十场大空战。这15位烈士分别牺牲在8场激烈的空战中，其中10位烈士在与敌机的交战中壮烈牺牲，另外5位则是重伤不治身亡。

个人登记卡揭秘烈士成长记

离别前，俄罗斯国立军事档案馆文献应用部负责人维克多表示将会继续为我们整理寻找档案，一旦有新的发现将会以邮件方式与我们联系，更希望我们再度访问俄罗斯时前来拜访交流进展。

2013年8月初，当我们结束第一次赴俄寻访回国后不久，就收到了他的来信——找到了两位烈士的入伍登记卡！

俄罗斯国立军事档案馆在残缺的历史档案和成堆的信息卡中，发掘到了在汉牺牲的苏联空军烈士伊凡·伊里奇·斯图卡洛夫的个人信息登记卡。而另一份登记卡的名字，虽然是瓦连金·谢尔盖耶维奇·考兹洛夫——武汉烈士墓碑上镌刻的烈士，但因出生年月及家乡等资料与武汉牺牲的同名烈士不符，尚待判定。

个人信息登记卡，这可是历史物件！它记录着战士的成长痕迹，将为我们揭开更生动的烈士生平事迹。更重要的是，登记卡本身是那个战争时代的见证，能存留至今十分珍稀，如还留下当年的笔迹，则更算得上是烈士的遗物了。

此时的我们，正在筹划着第二次出访俄罗斯，能够在出发前发掘到这样珍贵的物件，真是"提前"的收获。

于是，我们赶紧回复维克多先生，将会亲自前去拜访查阅。

2013年8月22日，第二次来到莫斯科不久后，我们在维克多的引领下，进入档案馆察看了当年的烈士档案原件。

办公区背后有10层资料大楼，无窗的设计是为了避免阳光损伤时间久远的档案。苏联援华档案资料就在这栋楼的第9层中存放。

一路上，维克多先生道出了他与中国的一段渊源。幼年时，他曾随父亲在北京生活过一段时间，访问过几座城市。

“你们正在做的寻访十分有价值，虽然战争时期的资料需人工一个个链接整理查找，我们也愿意花时间和精力帮助你们。”

维克多介绍，一份完整的士兵档案，应该包含入伍服役卡、个人信息卡和单人照等。但这个阶段牺牲的士兵，这3项档案大半缺失。“主要是当年的政治原因所致，为此后的档案搜集和研究整理增加了很多难度。”

他认为，当年的援华行动中，出于保密原因，士兵的照片大多没有保留，有的信息甚至会更改，而服役部队的信息甚至已经“消失”。这些都为如今回顾这段历史增加了不少难度。

“反复看，反复看，有了一句介绍，不断地链接文件核实。”维克多说，大量档案的翻查与整理是研究这段历史的基础。

在办公室里，维克多与同事向我们展示了那两张珍贵的个人登记卡。这两张格式内容统一的个人登记卡，一份是手写的绿色硬纸，另一份则是黄色的打印卡。虽因年代久远，登记卡已轻微褪色，但依然完整清晰。

他还向我们展示了一摞同时代的档案文件——墨笔手写的命令和士兵姓名已经褪色，黄色的档案纸斑驳易碎，每一次的翻页都会为纸张留下裂痕。如今，他们的整理工作就是将这些历史源档案整理成卡片资料，再输入电子数据库。这是个庞大而漫长的工程。

不过，维克多也注意到，近年来对于苏联援华历史的整理和研究，已有增强趋势。而他本人也正是在搜集整理的过程中，对这段历史有了全面的了解。

伊凡·伊里奇·斯图卡洛夫：面包师“变身”飞行员

伊凡·伊里奇·斯图卡洛夫的登记卡是“潇洒”的手写体，但经辨认这并不是他本人的字迹,是由某位同事或是同学代填,这一点从登记卡背面的签名栏可以看出。

登记卡上并未写明填表时间，但他的个人信息截至 1931 年担任排长为止,因此可推算这是他在上世纪 30 年代初的信息。

根据这份登记卡，他于 1905 年 12 月 30 日在巴什基尔苏维埃社会主义共和国塔本斯克的高富里地区出生,这里位于东欧平原东部。

这位年轻人早在 21 岁时,就加入了苏联共产党。次年,他参军入伍并进入军营学校学习。入伍一年后,被任命为工农红军的初级指挥官。1929 年,他在军中担任饲草粮食仓库主管。

此后他继续深造,1931 年,他从一家获得过红旗勋章的步兵学校毕业,次年很快在空军中升任排长。

值得一提的是,这份登记卡上,显示了这位红军战士入伍前的一段独特人生经历——22 岁入伍前,他曾是一名面包师。在职业一栏上,“烤面包师”很是醒目,他转业成长为红军空军战士的故事,着实励志。

除了这份个人登记卡上的信息,国立军事档案馆收集整理的国防人民委员部的命令，则为我们展示了伊凡·伊里奇·斯图卡洛夫在军队中的优异表现。

1933 年,他成为重型轰炸机大队第 35 队的初级飞行观察员,仅一年后,他获得了高级飞行观察员的称号。2 年后,他从初级指挥官晋升为上尉。在来中国前,他成为了高速轰炸机第十二队的领航员。之后,他来到了中国,来到了武汉。

考兹洛夫身份存疑

瓦连金·谢尔盖耶维奇·考兹洛夫:小学毕业成就“军中笔杆”

在武汉的苏联烈士纪念墓碑上,瓦连金·谢尔盖耶维奇·考兹洛夫的名字排在第一位。早在武汉本地寻访时,来汉讲学的莎罗诺娃女士曾一口说出这位烈士的故乡在距莫斯科两天车程的亚里恩斯克市。

但从俄罗斯国立军事档案馆获得的个人信息卡上,烈士家乡、出生日期都与我们已知的不同。这位考兹洛夫是我们寻找的烈士吗?

就此,维克多先生告诉我们,目前档案馆所有关于考兹洛夫的资料就只有这份个人信息卡,信息卡填写的日期可推测为1931年左右。“信息卡设计的信息为1938年前,与中国获得的信息时间段不重合。无法仅就这份档案判定是否两者为同一人。”

根据武汉解放公园苏军烈士墓碑上的信息,考兹洛夫1912年出生于亚里恩斯克市,1934年入伍,1938年2月15日在空战中牺牲。这位初级指挥官被追授红星勋章。在俄罗斯联邦的史册《纪念》中,他的岗位也得以披露:发动机工。

而我们从档案馆获取的信息卡,则由当时的老式打印机打印出来,颜色深浅不一。相对武汉苏军纪念碑上的生日,这位烈士的年龄被推后整整6年。

现在已无法核实这份个人信息卡的填写缘由,也无法推测这张表格持有的单位。但可以清楚地了解到,出生于乌拉尔州兹拉托乌斯特区的瓦连金·谢尔盖耶维奇·考兹洛夫,仅仅小学毕业。不过,自1928年加入红军后,他担任了伏尔加河沿岸军区的司令部文书学员。三年后他更成为了巴拉科沃区兵役委员会档案办事员。

这位考兹洛夫,是从小学学历的年轻人成长为“军中笔杆”的红军战士。

第三部分

要寻找的英烈何止 15 位

第十一章

康斯坦丁·季莫费耶维奇·奥巴索夫：乐观的“黄包车夫”坠入鄱阳湖

2013 年 5 月初，有一队烈士后裔来到中国重走当年父辈来华的路线。在汉口江滩边的汇申大酒店——曾经的苏联空军战士驻地，我们第一次见到叶甫盖尼·康斯坦丁洛维奇·奥巴索夫(简称：叶甫盖尼)。

叶甫盖尼的父亲是烈士康斯坦丁·季莫费耶维奇·奥巴索夫（简称：康斯坦丁），他的名字并未出现在武汉解放公园苏军烈士纪念碑上，但与武汉缘分匪浅。

1938 年 4 月，康斯坦丁随新一批的苏联空军志愿队成员抵达中国，在汉口机场将歼击机换成“黄莺”战斗机，此后驾驶长机驻扎在南昌。他赶上的第一场大激战，就是武汉的“4·29”空战。此后，他还参加了“5·31”空战，并飞到了南方的广州、澳门作战。

关于康斯坦丁的牺牲，他的同队战友 Н·Г·科兹洛夫在回忆录中有详细的记录。1938 年 7 月 7 日，在中国抗战一周年纪念日前夕的战斗中，康斯坦丁沿赣江直至鄱阳湖追逐着敌机，在战机受损后跳伞不幸被击中身亡，后坠入鄱阳湖，尸体三天后才被当地的渔民发现。

尽管交流条件有限，我们依然感受到了叶普盖尼对父亲的思念。

此前他刚去了父亲牺牲的城市南昌，下榻在父亲当年的驻地“励志社”(前身是创立于 1929 年的黄埔同学会励志社)。他说，旧址结构依然完好，如今是个滨江宾馆。在那里住了几晚，“感觉离父亲更近了”。

2013 年 8 月中旬，我们第二次来到莫斯科，在俄中友好协会副主席、全俄老战士委员会中国分委会主席伊万诺夫处，再度见到了前来探访的叶甫盖尼。这一次，我们终于有机会完整听完他与父亲康斯坦丁的故事。

叶甫盖尼 6 次来华，寻找父亲的足迹

“我今年 81 岁了！”神采奕奕的叶甫盖尼向我们透露了他的年龄——看着他高大挺拔的身材、健步如飞的脚步，真是难以置信。

岁月不居，时节如流。我们之前寻访到的几位烈士后裔伊凡·尼科诺罗维奇·古罗夫的外甥女加琳娜·弗拉基米罗夫娜·波什金娜 58 岁，列昂尼德·伊凡诺维奇·斯柯尔尼亚科夫的儿子尤里·列昂尼多维奇·斯柯尔尼亚科夫 75 岁，叶甫盖尼是我们遇到的最年长的烈士后裔。

老人 3 个月前刚结束中国之行，这也是他第 6 次到访中国。

他向我们回忆，第一次作为苏联空军志愿队后裔来华，是 2005 年参加中国抗日战争胜利 60 周年的纪念活动。那一次的同行者中还有两位在汉牺牲烈士的后裔：尤里·列昂尼多维奇·斯柯尔尼亚科夫和加琳娜·弗拉基米罗夫娜·波什金娜。

“我想多了解父亲战斗献身的国家。”他说，父亲离家时，自己虽是个孩童，但对父亲有深刻的印象。他长大成人后，一直试图解开心中的疑问：父亲在中国的何处牺牲？是怎样牺牲的？他想要去中国看一看，去父亲牺牲的地方找一找。

在海军服役 30 余年，叶甫盖尼上世纪 70 年代末从军队退役。他终于有时间来完成多年的心愿——真正了解自己的父亲。

早年在军队中锻炼出的健壮体魄和坚强意志，让这位老人年过八旬仍健步如飞。他几乎从不缺席老战士的纪念活动，更成为伊万诺夫老先生的得力助手。

“第一次去中国，我就想前往父亲以前的驻地探访，但一直未成行。后来每一次到访，我都在不断争取。”2013 年年中，他终于同几位烈士后裔重走了当年父辈来华的路线。

“我终于去到了父亲曾经生活和战斗的地方，看到了战士们曾经居住的房间。”他现在还剩下一个心愿：想要找到那位曾经发现他父亲遗体的渔民后代，向他(她)深深地鞠躬道谢。

曾远赴西班牙战场支援内战

对孩童时期离开的父亲,叶甫盖尼的记忆有限。他费了许多时日才从档案馆中申请到父亲康斯坦丁的档案。

1908 年 10 月 22 日,康斯坦丁出生于阿尔泰边区比斯克市,这里位于西西伯利亚地区。在叶甫盖尼的印象中,这儿与俄罗斯西部城市尤其是莫斯科完全不同,“与一般家庭不同,我的祖父母常年生活在西伯利亚森林中,父亲完全是靠自己的努力,才能从小地方来到大城市,再到首都莫斯科的”。

19 岁那年,从红军军事学校毕业的康斯坦丁进入了飞行员学院,他正式入伍成为了一名歼击机飞行员。

“与那个时代大多数家庭一样,家里的男孩子们都参军上战场。”

叶甫盖尼说,大伯格里高利是名坦克手,他在卫国战争中幸存,于 1992 年离世;叔叔米哈伊尔在卫国战争中捐躯,1944 年牺牲在如今白俄罗斯的战场上。他还有一个姑姑,1980 年安详去世。

这份年代已久的军事档案,寥寥几行,如此简略。叶甫盖尼对父亲飞行员职业的理解,还是从母亲吉娜那里开始的。

跟随着父亲部队迁移的母亲,1932 年在塞瓦斯托波尔生下了叶甫盖尼。这是苏联的一个西部城市,现在属于乌克兰。两年后,一家人来到首都莫斯科附近的军事小城柳别尔齐居住。

上世纪 30 年代,苏联开始了第一个五年计划,同期开展的还有以斯达汉诺夫命名的社会主义竞赛群众运动,这一群众运动也在部队广泛兴起。A·K·柯察金在回忆录《外贝加尔人在战斗的中国》中曾提及那个年代在空军部队和军区中的“争上游”比赛。

学员与学员竞赛,班与班,排与排,连与连,整个学校与别的学校也展开了竞赛,大家都在又快又好地掌握知识和取得经验,各种器材的培训已经缩短了期限,许多理论和实际问题的研究和解决也都高于大纲的要求,加强了部队的纪律,出现了一批空军的斯达汉诺夫工作者,在航校是先进学员，在部队是飞行员、飞行观察员、机械师和发动机师。

住在军事城，他的母亲有机会选择学习开飞机，这是父亲作为军人的职业，“也是母亲表达爱的方式”，叶甫盖尼认为。

待他懂事些，母亲常常跟他讲起这段学开飞机的经历。“据说，父亲有空时也教过母亲几手，他还夸过母亲的技术好。”

父亲是空军飞行员，母亲是业余飞行员。叶甫盖尼说，他自小的梦想就是长大后也成为一名飞行员，成为家中第三个在天空翱翔的人。

叶甫盖尼给我们展示了一张军事基地“太太团”在冰天雪地里拍摄的合影。他早已不记得当年拍照的始末，但突然想起来，“听妈妈说过，这其中有一位夫人的丈夫尼古拉·比特洛维奇·马特维耶夫也是在中国空战中牺牲的，他的孙子曾想写信去中国找自己的祖父。我们之间有些联系”。

这位尼古拉·比特洛维奇·马特维耶夫不就是俄驻华武官卢秋科曾帮忙找寻的在兰州牺牲的烈士么？听到这里，我们立即请叶甫盖尼帮忙稍后联络。

1944 年，为了专门教育培养烈士后裔，苏联成立了一所海军学校。年仅 12 岁的叶甫盖尼由此加入海军，虽未能如愿成为飞行员，但他也终于与父亲一样，成为了一名军人。

忙碌的父亲总是在进行飞行训练，1936 年西班牙战争的爆发召唤了这位国际主义战士。“父亲加入了前往西班牙作战的苏联空军志愿队，1937 年从西班牙战场荣归。”叶甫盖尼也是后来才从母亲处得知。

“我曾在前几年去过西班牙，试图找到父亲当年的一些痕迹，没有任何结果。”叶甫盖尼很是遗憾，有关西班牙战争的历史虽已解密，但父亲曾经作战的记录他并未能找到多少。

父亲临行前，一家三口在家中幸福合影

1937 年底，康斯坦丁·季莫费耶维奇·奥巴索夫从西班牙战场撤出，回到军事城柳别尔齐的家中，短暂停留一段时日后，他又与妻儿辞别。

也许是知道辞别的日子将近，父亲康斯坦丁与母亲带着小叶甫盖尼,在家中特意合了一张影。

合影成为这个完整家庭最后的见证。照片上留下了日期:1937 年 10 月。

历经半个多世纪,黑白照片已褪色,只有背景中沙发上的白色方巾依然亮眼。身着军装的父亲和母亲吉娜将叶甫盖尼拥在中间,三人的头紧紧挨在一起,共同看向镜头,气氛温馨。

身着花点长裙的母亲,手腕上的方形手表十分显眼;叶甫盖尼留着儿童样式的西瓜头,"淡化的发色,和父亲一模一样"。

那一年,小叶甫盖尼 5 岁,已到了记事的年纪。

他记得,父亲每次从部队回来,总会把他抱在膝盖上,拍拍脑勺,亲亲脸颊。而当父亲离开再度远行时,这样的亲昵就意味着道别。

最后一次道别,很快到来,那是在 1938 年 3 月,莫斯科的郊区笼罩在一片蓬松柔软的雪幕中。

与康斯坦丁同期前往中国支援抗战的战斗机飞行员 Н·Г·科兹洛夫,在回忆录《在中国的天空——前事不忘,后事之师》中回忆了那个离别的早晨。同样,那一天,科兹洛夫不忍向自己的两个幼子道别。

朝霞还没有升起,还是那个星星在眨着眼、天空等待着日出的黎明前的时光。一辆客车轻轻地驶了过来。

"都来了？"

"都来了！"

"上车！"

没有穿军大衣的年轻红军战士们从值班室里跳出来,因清晨的严寒而冷得蜷缩着身子去打开了大门。

一条柏油马路把空军军区大院划分成两部分：右面是飞行员食堂，食堂后面是一批住宅楼，楼房前面有一个运动场，现在冻得像个溜冰场,还有一个体操场。场上有蹦床、单杠、平衡木,都等待着天气回暖。左面是一个有小操场、小山、小房屋的幼儿园。九点钟以前我的大孩子谢

康斯坦丁年轻时的照片

…амилия, Имя, Отчество ОПАСОВ, Константин Тимофеевич

2. Родился 22 Октяб. 19 08

Народность: великоросс

4. Знание языков: -

…акой местности уроженец: Сиб. край г. Бийск.

Партийность:
Беспартийный
Член, канд. ВЛКСМ с 1927
Канд. в члены ВКП(б) с ___ г.
Член ВКП(б) с ___ г.
Пребывание в др. партиях ___ (каких)
с ___ по ___ г.

Изменения партийности: -

…оциальное положение: Рабочий Служащий Крестьянин — рабочий

8. Профессия (специальность): чернорабочий

…емейное положение: холост.

…ытность в походах (где и против кого) | Дата

…нения или контузии | Дата

12. Образование (наимен. учебн. заведений) | Дата

а) гражданское общее: девятилетка в г. Бийск | 1928

б) гражданское специальное

в) военное в старой армии

с) военное в Красной армии:
1 Воен. Теор. школу ВВС РККА-Эо | XI-[illegible]
2 1. Воен. шк. летчиков им. тов. Мясникова | XII-30

д) партийное

13. Почетно-революционные награды | Дата

康斯坦丁·季莫费耶维奇·奥巴索夫的军事档案

1937 年 10 月，康斯坦丁奔赴中国战场前，与妻子和儿子照了最后一张全家福。

叶甫盖尼和母亲

在军事小城柳别尔齐，叶甫盖尼(图中的小孩)与母亲及其他飞行员家属们的合影。

辽什卡会来，而半岁的申卡大概还要继续睁大了眼睛，吧嗒吧嗒嘴唇，他一个人在家不肯睡，我离开的时候，轻轻地掩上了门，不让锁发出声音。幼儿园后面是军区的大楼“红军楼”，再过去是围墙，又是大门。

我们走了。

父亲走了，留下了军装，如今仍在家中衣柜整齐地挂着。

“母亲当时也好奇，父亲为什么穿着便装出发。”叶甫盖尼记得母亲一直疑惑，此前父亲去参加西班牙战争时，都不曾脱下过军装。这一次，为何如此特殊，又会去到哪里呢？

“父亲是军人，国家和军队需要他去哪里，他就去哪里”，家人并没有多问，与父亲也就此失去了联络。

“黄包车夫”要请敌人吃花生米

在莫斯科稍作休整后，1938 年 3 月，康斯坦丁与战友们穿过西伯利亚的寒风和砂砾，驾驶着“燕子”歼击机在兰州中转后降落到了汉口机场。在汉口他与战友们又换了“黄莺”战斗机，朝目的地南昌基地飞去。

康斯坦丁作为长机的飞行员，与 Н·Г·科兹洛夫在同一个小分队战斗。后者在回忆录中详细记载了康斯坦丁在中国的种种轶事及他牺牲的过程：

路啊，路！1938 年 3 月的日子里，一条这样的路把我们带到了我国的东南边疆，带到了中国边界的天山脚下。这里是春天了，灌溉渠里的流水在哗哗地作响，花园里鲜花怒放，山脉的峰顶都覆盖着永不融化的积雪。

从阿拉木图往南飞，因天气原因耽搁在兰州的短暂日子里，一辆黄包车送走一个阔气的客人，车夫在他们隔壁屋前树下休息。柯斯嘉·奥帕索夫，一个身材魁梧、长着一头淡黄色头发、有着一双蓝眼睛的年轻人，朝我们扫了一眼，他摇摇摆摆地向黄包车走去，对中国人说了些什么难以捉摸的话后，只见他轻轻地拉起了车，快步向我们走来，立刻就有几个人愿意来乘车兜风。

柯斯嘉拉了几个摆架子的“乘客”快步跑起来，停下之后他模仿车夫的样子，很有礼貌地向“乘客”脱帽鞠躬，感谢乘客所给的很少的一点“车费”。弯着腰蹲着的那个车夫捧腹大笑起来，再也不像刚才那个失神地望着远处在树下喘气的劳动者了。当黄包车连同车上的“乘客”拉到他面前的时候，他不好意思起来了。

现在，十二年过去了，南昌已经成为中国空军战斗机的一个主要基地，这里有两个机场：小机场和大机场。

小机场有很大一部分变成了沼泽，硬覆盖面的跑道受到了限制，那里停着一些“黄莺”И-15战斗机，晚上，在我们住的励志社里，柯斯嘉·奥帕索夫对我和任尼亚·弗拉基米洛夫说道：

“孩子们，你们知道吗？我们要坐上‘黄莺’啦，当然了，快速挡是小了，可它有四挺机枪，开起火来都是很猛烈的——经过螺旋桨射出的，收起落架也不用像‘燕子’那样忙了。”我们当然不会反对。

“那样的话，你——尼科莱，飞右僚机，任尼亚飞左面，至于飞机我已经讲好了，明天到小机场去值勤。”

这样，就由“燕子”变成了“黄莺”分队。

日本人付出很大的代价从两个方向向中国中部的心脏武汉推进：北面沿京汉铁路南下，东面从南京溯长江而上。

日本人到达鄱阳湖的东岸，中国的瓷都——九江陷落了。空战更加频繁、持续而激烈，敌人扩大了机场网络并向前线靠近。随着部队的撤退，我们的对空防御通讯哨网缩短了，根据警报得到通知起飞的时间也缩短了，雷达追踪和雷达警戒当时还根本没有，飞行员在七月的赤热阳光下用图囊盖住头坐在飞机座舱里忙于疲倦地值勤，随时处于一级战备中。

开战一周年时，七月七日，我们正处于非常困难的战争环境中，前一天，我的长机柯斯嘉·奥帕索夫从汉口回来，他弄到了一台新的发动机，一挺大口径的柯尔特机枪和四挺ПВ-1。

“哼，我现在要请敌人吃花生了！”

他是一个乐观的人，总是高高兴兴的，我们的“黄包车夫”。

下午我坐在飞机的座舱里，因为天热而非常想睡觉，忽然间，瞌睡一刹那间就惊醒了：警报响了起来。指挥塔上所有的信号都升起了，大家纷纷忙着发动飞机，迅速起飞。我回头一看，在东方地面升起的热气流中隐隐看见一大批轰炸机的轮廓，几乎所有的飞机："卡秋莎"、"燕子"、"黄莺"都同时从不同方向起飞。我们的左侧——任尼亚·弗拉基米洛夫起飞耽误了，他的马达一时没有发动起来。

空中编好队飞了一圈拉开了距离，我向右朝机场望了一眼，一股浓烈的黑烟柱直冲天际：炸弹落进了汽油库。日本轰炸机沿着赣江向鄱阳湖方向逃去，一批"燕子"跟在后面从右侧追去，柯斯嘉·奥帕索夫用新发动机开足马力追赶敌人，渐渐地把我甩在了后面。

眼前就是与长江相通的宽阔的鄱阳湖，敌我双方已打了起来，一架，接着又有一架日机退出了战斗。第三架日机急速地螺旋状地下降，是两架"燕子"和"黄莺"把它打成这样的，我很快就猜到了，这是柯斯嘉。敌人的轰炸机快速地向自己的占领区逃去，继续追击没有必要了。

对"黄莺"来说，备用机场是在谭树镇，向南只要飞 20 分钟就到。我着陆了，机场上已停了一架比我先到的"黄莺"，从机号判断，是安东·古班柯的飞机。

古班柯坐在指挥所里拨电话，准备报告哪些人回来了。

他问我：

"战斗困难吗？"

"困难。"

"我也认为困难，瞧，我喊得连谁也喊不应了。"

沉默了一会儿他又说：

"柯斯嘉·奥帕索夫在鄱阳湖上空跳了伞，降落伞开得太早，周围有好几架日机，他可能被敌人打死了。"

收到了情报并检查了呈送来的各种报告以后弄清楚了，共击落了四架日本轰炸机和六架日本战斗机。我们损失了七架飞机。任尼亚·舒霍洛科夫牺牲了，罗夫宁在跳伞降落机场时受了伤，格里金跳了伞，任尼亚·弗拉基米洛夫的受伤飞机在降落稻田时倒立了，被击落的还有三个中国飞行员。

第三天，渔民在鄱阳湖里捞到了柯斯嘉·奥帕索夫的尸体。

1938年的那天，家属楼里处处传来哭泣声

整整过了一年，直至1938年10月阵亡通知书送达，康斯坦丁·季莫费耶维奇·奥巴索夫的家人才再次收到他的消息。

那个月的22日，康斯坦丁·季莫费耶维奇·奥巴索夫本应迎来30岁的生日。

“我们还来不及为父亲庆祝”，叶甫盖尼说，父亲牺牲时只有29岁，却已是出色的空军上尉军官。

收到父亲阵亡通知书的那一幕，叶甫盖尼至今还清楚地记得。

那年他仅有6岁，5层高的军队家属楼里住满了跟他一样的孩子——父亲很少在家，母亲是大家长，严厉而操劳。

1938年10月的一天，一位军人叔叔敲开了家门，送来一封信。赶来开门的母亲接过信，即刻掩面而泣，年幼的叶甫盖尼顿时不知所措。跟着这位叔叔踏出家门，叶甫盖尼竟听见隔壁和楼上楼下的邻居家也陆续传来阵阵哭泣声。

“你的父亲在中国牺牲了”，母亲啜泣着告诉儿子。不过叶甫盖尼还不太懂得“牺牲”的含义。

往后的日子里，他仍常常向母亲询问父亲的去向和归期，母亲只是淡淡地应上两句。

“父亲去哪里了？”

“他出差去了。”

“他什么时候回来呢？”

“很快。”

本应“很快”回家的父亲，再没有出现。再长大些，叶甫盖尼终于知道，父亲永远不会再回家了。

多年后，当他从军队退役，开始搜寻所有父亲的资料时，发现了一份

报纸复印件。那是当年的《消息报》,其头版刊登了战斗英雄的表彰名单。母亲用红笔在所有牺牲的邻居名字下划上了线。

母亲说,这些邻居都是在中国战场上牺牲的军人。此刻,叶甫盖尼终于明白,那些啜泣的邻居也正是在同一天收到了噩耗。

2013 年 8 月 19 日,在叶甫盖尼的指引下,我们前往了烈士生前居住的军事小城柳别尔齐,试图找到当年康斯坦丁的生活印迹。

从共青团地铁站转乘电力火车,往东南方向出城,半个小时后就可到达柳别尔齐。这座莫斯科的卫星小城,当年是个著名的军事基地。康斯坦丁·季莫费耶维奇·奥巴索夫与战友们,正是从这里出发前往中国参战。

从站台出来,小贩叫卖声声,哪里还有当年军事城的痕迹。接近市中心的广场上,竖立着加加林的雕像。上世纪 60 年代,这位进入宇宙第一人曾在此学习过。

鄂赣媒体联手帮苏军烈士之子寻“亲”

叶甫盖尼在武汉对我们说过,他有生之年最大的心愿就是找到当年捞起父亲遗体的渔民或其后代,向他们深深鞠躬。2013 年 6 月,叶甫盖尼专程来到江西,包括鄱阳湖等地探访,但未能如愿。

“武汉上空的鹰”系列报道之《烈士之子叶甫盖尼:希望找到当年捞起遗体渔民》见报后,引起社会各界关注。

2013 年 8 月 21 日,《长江日报》与江西《江南都市报》联动,形成赣鄂媒体联盟,共同寻“亲”,想替叶甫盖尼达成心愿。

接到寻“亲”联动信息后,当天上午,《江南都市报》记者就火速前往江西省革命烈士纪念馆、江西省档案馆、江西省图书馆、江西省博物馆、江西省政协等单位,但均未找到相关信息。

“浩瀚的八百里鄱阳湖, 曾是国民革命军与日寇浴血奋战的主战场。但苏联援华空军战斗的事迹,记载得很少。”星子县文史办查勇云主任告诉记者,他们已联系其他毗邻鄱阳湖畔的县级文史办负责人,一起来查找康斯坦丁烈士牺牲的地方。遗憾的是,直到成书之前,都没有进一步消息。

小传

康斯坦丁·季莫费耶维奇·奥巴索夫

Опасов Константин Тимофеевич

上尉,于 1908 年 10 月 22 日出生于阿尔泰边区比斯克市。1927 年,康斯坦丁毕业于红军军事学校后,进入飞行员学院学习,并入伍成为一名歼击机飞行员。

1938 年 3 月加入苏联空军志愿队参加中国抗日战争, 在 1938 年 7 月 7 日的空战中, 因飞机受创在鄱阳湖上空跳伞后被日机击中牺牲,3 天后被渔民从鄱阳湖中捞起。

康斯坦丁葬于南昌,被追授红旗勋章。

康斯坦丁的妻子名为吉娜,儿子叶甫盖尼·康斯坦丁洛维奇·奥巴索夫现任俄中友协副主席、全俄老战士委员会中国分委会主席。

第十二章

尼古拉·比特洛维奇·马特维耶夫：在中国参加13场空战，荣归途中遇难

2013年6月中旬，我们向时任俄罗斯驻华大使馆武官、俄国防部保卫祖国烈士纪念管理局派驻中国的官员卢秋科先生咨询武汉解放公园苏联空军志愿队烈士墓碑情况时，他提到，曾收到一份由俄罗斯国防部辗转发来驻华使馆处的寻亲请求：祖父马特维耶夫牺牲在中国，家族七十多年来都在寻找烈士的墓碑。

在武汉的烈士墓碑上，正有一位名为“马特维耶夫”的烈士，全名是德米特里·巴甫洛维奇·马特维耶夫。他会不会就是小马特维耶夫寻找的祖父？

然而，卢秋科详细查阅了前些年与这位小马特维耶夫的通信邮件，最终确认：小马特维耶夫的祖父并非牺牲在武汉，而是牺牲在兰州，不是解放公园烈士墓纪念的烈士。

虽感遗憾，但我们由此知道，在苏联烈士出发的地方，他们的亲人一直在不懈地寻找牺牲在异国他乡的祖辈踪迹。70多年过去，亲人们仍未放弃努力和希望。

在武汉牺牲的马特维耶夫的亲人暂时无法联络上了。卢秋科先生也暂时无法为我们联络上这位小马特维耶夫。但我们依然期望，能联系上这位烈士后裔。算起来，他在中国牺牲的祖父应该也参加过武汉的空战吧？

出发来到俄罗斯后，我们寻访在汉牺牲的苏联烈士后裔之余，也曾向俄罗斯友人及烈士家属们打探这位小马特维耶夫。

8月中旬，我们第二次到访俄罗斯，寻访有了转机。

当我们与烈士后裔叶甫盖尼·康斯坦丁洛维奇·奥巴索夫交谈时，他

提起:父亲有一位军官挚友尼古拉·比特洛维奇·马特维耶夫,曾同在军事小城柳别尔齐服役,他的孙子曾经想办法写信去中国寻找自己的祖父。

8 月 18 日，经由叶甫盖尼介绍，我们终于与小马特维耶夫通了邮件,确定他的祖父在兰州牺牲,并曾在武汉参加过多场空战。

听说我们来自中国，前来俄罗斯寻访苏联空军志愿队烈士后裔,小马特维耶夫十分兴奋,他当即表示希望能尽早见到我们。

第二天,在莫斯科卫国战争纪念馆前,我们终于见到了这位早已“熟识”的小马特维耶夫。

小马特维耶夫全名是安德烈·阿里别尔多维奇·马特维耶夫（简称：安德烈)。据记载,其祖父尼古拉·比特洛维奇·马特维耶夫于 1938 年 3 月来华参加抗日战争,不幸在 11 月完成任务返回苏联时遇空难牺牲。

追忆:记着马特

“一条巨龙毁灭,坠落山崖,天空黑云密布,你却是熠熠生辉。我的兄弟,即将回到祖国,在回到莫斯科前一天,却成为最后一场记忆。”

1967 年 2 月 17 日,俄罗斯诗人、作家巴维尔·日列兹诺夫在报纸上发表了这首诗,寄托对尼古拉·比特洛维奇·马特维耶夫 (简称“尼古拉”) 的思念。他们是幼年时在儿童院一起成长的伙伴。

诗中对尼古拉回国前夕殒落于异乡深表遗憾。

烈士毕业于苏联最优秀的空军院校

在卫国战争纪念馆前的胜利广场上,我们见到了安德烈。

已到不惑之年的他,将我们迎进咖啡馆后,热情地介绍了当地特色饮料。经济不景气,身为网络工程师的他已经失业了好一段时间,不过他依然愿意花大量时间搜集整理关于家族的一切。

与烈士康斯坦丁·季莫费耶维奇·奥巴索夫相比,安德烈的祖父尼古拉·比特洛维奇·马特维耶夫要年长一些，他于 1907 年 5 月 11 日出生。

入伍参军后,这位年轻人接受了当时最优秀的飞行学校的训练。22 岁,尼古拉从鲍里索格列布斯克军事航空飞行学校毕业, 这所飞行院校位于苏联的沃罗涅日州, 上世纪 30 年代这里成为苏联航空兵的发源地,更成立了苏联的第一支航空兵部队。

随后, 他进入了位于莫斯科的苏联茹科夫斯基空军军事工程学院,这所以“航空之父”H·E·茹科夫斯基命名的高等军事院校,为苏联培养了不少著名的飞机设计师和空军干部。在这里,尼古拉一直持续学习了 7 年,直至 1936 年毕业。

毕业后,他来到了莫斯科近郊的柳别尔齐军事基地,与康斯坦丁·季莫费耶维奇·奥巴索夫共同在这里服役,并成为了亲密的战友。

在军事基地中,这位优秀的歼击机飞行员,很快成长为第 118 歼击机航空兵大队第 57 航空组的指挥官,并被授予中尉军衔。

丈夫别离后,妻子收藏家庭照

1938 年左右, 从军事基地小城柳别尔齐离开执行特殊任务的军人越来越多。

“奶奶告诉我,她早就猜想到爷爷也许会出外执行特别任务,会离开很久。”安德烈说。

终于,尼古拉也到了告别的时刻。

1938 年 3 月 18 日,他作为苏联空军志愿者启程前往中国参加抗日战争。

此时, 距离他们的第二个孩子——也就是安德烈的父亲阿里别尔特·尼古拉耶夫·马特维耶夫出生仅剩两个月。

军事基地气氛的转变,让安德烈的奶奶逐渐意识到,也许丈夫和战友们正在进行一项“特别”的任务。于是,她决定搜集所有的照片和报道资料,以便将来向孩子们讲述他们父亲的伟大事业。

“她整理了爷爷尼古拉所有的照片,从出生到最后的离家;并向其他离家参战军人的家属搜集了照片; 她甚至详细记录了军事小城中家属们的所有活动。”

说着，安德烈从随身的文件包中掏出了一本黑色封皮的相册。

“就是这本相册”，他有力地按住相册，一字一顿地看着我们，然后郑重地将相册推到我的面前。

“足足四十多页，每一张照片下都有奶奶的笔迹，详细记下当年的场景。”

忽然之间，我觉得这不仅仅是轻薄的照片，更是沉甸甸的历史，是我们找寻至今最重要的“历史见证人”。

要知道，来到俄罗斯寻访至今，我们找到有关当年那些苏联空军志愿队战士的照片，也不过屈指可数的几张，更别说带着生活气息的家庭照了。

我小心翼翼地翻开了这本黑色封皮的照片册。

安德烈记得，自己小的时候，奶奶常常抱着他，对照着照片下边写的说明，一张张给他讲当年军营里的故事。

“虽然爷爷上了战场，但奶奶的生活并不孤单”，安德烈说，奶奶与家属团的活动非常丰富。丈夫们离家上了战场，大家总是互相支持。

一张黑白照片中，她们笑得十分灿烂，都留着当年时兴的齐耳短发，身着整齐的白色运动装，正在排练舞蹈。

而那张我们曾在叶甫盖尼处看到的照片，也被收录在这里。冰天雪地中，女士们裘皮大衣裹身，簇拥着一位红军战士，最前排一个小男孩十分显眼，“这是叶甫盖尼！”安德烈说。

叶甫盖尼一家频频出现在照片中，两家人从那个时候结成的友谊至今未减。时至今日，81 岁的叶甫盖尼和 40 岁的小马特维耶夫也时不时聚在一起，交换最新的历史资料和从中国寻找到的信息，延续着父辈的情谊。

“有一张奶奶最喜欢的照片！”安德烈快速翻到了相册中间的一张合影，这是两位全副装备的飞行员合影。

“这是爷爷奶奶的合影！”我们看不出蹊跷，安德烈笑得很神秘，“左边就是奶奶，她特意去借了一套飞行员服装，头上还戴着飞行防护眼镜框。这样的照片在当时是最时髦的”。现在回忆至此,他仍很自豪,当年能当上空军、当上飞行员是很不简单的,他的祖父是家中的骄傲,“如同现在的宇航员一般,我的父亲就是从事宇航方面工作的”。

中国农民救过他一次

“当年,爷爷寄过信回来。”安德烈说,奶奶提过,爷爷曾托战友带回几封信,关心奶奶的身体,却只字未提在中国的战斗,更没有一张照片。

不过,与尼古拉一同前往中国参战,后荣归故里的战友瓦西里,则向安德烈的奶奶讲述了战友在中国英勇战斗的事迹。

1938 年 3 月启程的这一批苏联援华空军战士，于 4 月左右抵达了汉口和南昌,赶上了中日空战最激烈的时期。尼古拉亲历了著名的“4·29”空战和“5·31”空战。

安德烈说,正是在 5 月的这次战斗中,爷爷尼古拉的战机在武汉上空被敌机击中,脸和胳膊的伤势严重,只得紧急迫降在农田里。

对于当时的险峻场景,我们无法想象。但 Н·Г·科兹洛夫在其回忆录《在中国的天空——前事不忘,后事之师》中,回忆了相同的受伤坠机经历:

忽然从仪表板下冒出一团火来,烧到了手、脚和脸,我不慌不忙地把飞机向右方转去,离开了队形,用手肘撞开了座舱的舷门,解下了保险带,操纵机舵使飞机侧转过来,左翼向着地,右翼朝着天,我不动了。脚!脚得避开火。要扔掉踏脚,我把操纵杆推开,“黄莺”顺从地肚子朝天翻了身,我从座舱里掉了下去。耽搁了不多一会儿(我已经离开了飞机),我猛地抓了一下开降落伞的环,我的头上是降落伞绸布的圆伞面,飞机向前稍飞了一点就直线俯冲下去超过了我。发动机旁冒出了红色的火舌,机尾是长长的黑烟。

我的下面是长着浓密竹林的小山丘,种着庄稼的山沟,得很快越过这地方才好:风会将我送走的。我抻开两手的全部长度,从一面拉直了

尼古拉和妻子拍摄的飞行员装纪念照,当年很流行拍摄这样的照片。

尼古拉(二排右一)在莫斯科茹科夫斯基空军军事工程学院与其他学员的合影

尼古拉(左)和战友在一起的留影

РАБОЧИЙ ПУТЬ

КРЫЛЬЯ

М. СЕДОВА

Если бы Марк Романович ударил Кольку, мальчику казалось, было бы легче. Уставившись в тарелку, он, обжигаясь, глотал суп. А заведующий продолжал:

«Разорвать новый передник у маленькой девочки — это недостойно воспитанника детского дома. Я никогда не ожидал от тебя, Коля, такого скверного поступка».

Все ребята, искоса, посматривали на вожака. А он зло думал: «Не нравлюсь и не надо! Вот возьму и убегу. Очень мне нужен ваш детский дом».

И однажды ночью он ушел.

Невдалеке от бардымовского детского дома тянулся овраг. Сидя на краю, и глядя в светлеющее небо, Колька Матвеев вдруг почувствовал, что ему здесь все близко: и овраг этот, и ребята все, среди которых он был главарем, и даже заведующий — Марк Романович Мальков. Так и не ушел он никуда.

А потом пришла весна. Мальчик тосковал. Все в детском доме опять надоело. Читать он не любил.

— Это мне не требуется — резко ответил он воспитательнице Александре Яковлевне.

Много думали взрослые о странном, упрямом, дерзком пареньке. А паренек уже где-то достал папиросы и, давясь горьким дымом, пускал сизую струю.

Как-то темным весенним вечером он слонялся с «цыгаркой» по саду. Цвели яблони. Тихо было в белом саду.

И вдруг Колька услышал песню. Он глянул: прислонившись к небольшой яблоньке, пел грустно и проникновенно заведующий Марк Романович. Он заметил мальчика и подошел к нему. Тот выдернул папироску изо рта.

— Возьми вот хорошую, — тихо сказал Марк Романович и открыл портсигар.

— Я не курю, — хмуро ответил Колька.

А заведующий говорил ему о том, что вот и у него, Марка Романовича, было тоскливое детство, что только благодаря упорному труду вышел он в люди.

Никогда не узнали ребята, как плакал в ту весеннюю ночь их вожак — Колька Матвеев. Только увидели они, что бросил Колька шалить, стал хорошо учиться и много читать.

Вот, что вспомнилось старшему лейтенанту летчику Матвееву, когда он приветствовал на-днях заведующих детскими домами Западной области. Он не рассказал об этом эпизоде из далекого детства, он не рассказал и о том, как кончал летную школу и о том, что кончает теперь Военно-воздушную академию им. Жуковского. Никому не рассказал он о том, что написал книжку о технике пилотирования истребительных машин, о том, что сконструировал недавно крылья для парашютов.

Не об этом говорил он взволнованному залу. Летчик Матвеев благодарил своих общественных отцов и матерей за то, что они вырастили у него большие крылья, что не только ему, но тысячам беспризорных ребят, открыт путь к высотам жизни.

И четко падало в напряженную тишину: «Спасибо Сталину, партии, государству за то, что они возвратили нас к жизни».

НА СНИМКЕ: Николай Матвеев.

1938 年的苏联红军《前进报》,刊登了优秀红军战士尼古拉·比特洛维奇·马特维耶夫的生平介绍。

尼古拉准备将飞行员防护眼镜送给新生的儿子,他牺牲后由其战友瓦西里带回。

尼古拉(右)童年时的照片

降落伞的缆绳，降落伞顶变成很难看的样子，地面跑动得很快，我放松了缆绳，很容易地着陆了。这儿是个菜园，僚机米哈依洛夫和格列波夫在我着陆地方的上空盘旋，我对他们向机场的方向挥了挥手，他们明白了，走了。大约30米外有一个中国农民急忙从一株孤零零的树上解下牛绳，并不住地望着我，我向他走了几步，他就丢下牛准备跑，走了！

我从口袋里拿出一块细白绸制的护卫证件，上面写有中文字，还有彩色的中国国旗图案。我把它用手张开，举起了手给远处的人看。中国人站住了，小心翼翼地开始走过来，我用手势告诉他我要打电话，我也明白了他的回答："懂，懂。"他已经靠近了一些，盯着国旗图案，他不识字，但能明白主要的东西，他帮我收了降落伞，把降落伞扛在肩上，沿着小路——他在前走，我在后走。小路更狭窄了，把我们带进了稻田，从周围的田里向我们跑来许多扛着锄头、拿着棍子的男人和女人，脸色都很凶恶，嘴里喊着一些我听得懂的不友好的话："日本！日本！"

当然，我不像中国人，灰色的方格上衣，没穿袜子，赤脚穿着一双运动鞋，淡褐色的头发，手上抓着一顶带眼镜的飞行帽，我的陪同者大声地不断地不知对他们说些什么。

我们的队伍越来越大，在小路上越拉越长，将近过了一个小时，我们走进了一个大村庄。一间小小的、很整洁的房子，旁边的席棚下放着一些凳子，黑板、大算盘，这是学校。台阶上走出一个斑白头发、面带笑容、穿着一身白衣的瘦削的中国人。院子里挤满了人，人们尊敬地默默地看着这位老师，他不慌不忙地拿起了证明扫了一眼高声读了起来，人群中响起了赞许的嘈杂声，人们脸上都露出了笑容。证明中写的大约是："来华助战洋人，军民一体救护。"

老教师做了个手势请我进屋，他审视地看了看我的脸、手和脚，掀起门帘对隔壁房间不知说了些什么，从那里拿来一个扁洋铁盒，老师小心翼翼地把我的烧伤处敷上了黄色的药膏，疼痛立刻减轻了。

我非常想喝水，用手势向他表示了这个意思，另一个穿着平常的蓝布衫的中国人跑出门去，几分钟之后他进来了，恭敬地鞠着躬给我捧上一个大瓷碗。我渴极了，端起碗就喝了一大口，顿时憋得我喘不过气来，两眼直向上翻……中国烧酒！米酿制的伏特加酒。烈度接近酒精，老师嗔怪地望着那个请我喝酒的中国人，生气地咕噜着什么，又朝门帘外高声叫喊起来，从那里端来了一碗凉水。

他给我拿来一张纸、一支笔，指了指挂在墙上的中国地图，又指向纸。我明白了，我在纸上画了张草图，重点标明了南昌，画了一个箭头，表示我要到南昌去。

墙上挂着埃利森公司的老式电话，半小时后接通了电话。

我细细看了看房间，摆设很朴素，没有任何装饰品，家具很粗陋，都是些最必需的东西：桌子、椅子，墙上除了中国地图外，还有孙中山和列宁的石印肖像。

电话打完了，门口出现了两个中国人，一个穿着黄军装带着一支枪，还有一个穿着紧身的衬衫和短裤、头戴斗笠的苦力。第三个中国人站在台阶上牵着一匹备了鞍的马。

当时空军联络并无无线电，在空中配合的战斗小组间，只能靠摇飞机翅膀来示意。幸运的Н·Г·科兹洛夫被空中战友发现，通过电话联络返回了部队。但同样受伤迫降的尼古拉则并没有那么幸运，与部队失去了联系。带着“志愿者身份证”的他，被当地村民所救，养了一个星期的伤。

战斗结束，苏联空军志愿队无法找到尼古拉的下落，“只能开始准备为其办个简单的葬礼”。尼古拉的飞机编制被分给了另一位战士。

伤愈归来后，尼古拉成为一名飞行教官，继续在基地培养年轻的飞行员。

安德烈特别提到，正是在“5·31”的空战中，打下3架敌机的尼古拉，因卓越的战功被授予了一枚中国勋章。

飞行员防护眼镜，要送给未谋面的儿子

这时，安德烈从公文包中拿出一个白色的铝制盒，轻轻地放到桌上。“你们猜这是什么？”

“这是您爷爷留下来的？”

“是的，这是他最后带回的礼物，飞行员的防护眼镜。”安德烈骄傲地说。

“最后带回来的礼物？”我充满疑惑。

“我的爷爷在1938年11月完成了援华空战任务，在归国途中不幸遭遇空难身亡。他临行前曾跟战友瓦西里提到要将这副飞行员防护眼镜作为礼物，送给出生不久的儿子，也就是我的父亲。瓦西里在空难中幸存，他找到这副眼镜，带回家来。”

“这是您爷爷佩戴的飞行防护眼镜么？”

“我们无法辨认。这副眼镜一直被父亲好好收藏着，他去世后传给了我。我一直希望能带着这副眼镜去中国，到祖父牺牲和战斗的地方好好看看。”

70多年过去，白色铝制的镜盒依然锃亮，飞行防护眼镜也大体完整，大约是经过撞击，又或是时日久了，一只镜框上的螺丝有些松动，掉下了几块小小的零部件。

1938年底，尼古拉遇难后，他的战友也是最好的朋友瓦西里，来到他的家乡，讲述了这伤痛的最后时刻。

1938年5月，尼古拉去到中国参战后不久，他的第二个儿子，也就是安德烈的父亲阿里别尔特·尼古拉耶夫·马特维耶夫出生了。

3月初匆匆离别后，这一直是他的牵挂。经过半年的激烈战斗，尼古拉完成了在中国的作战任务，接到轮换通知准备归国。这时已是1938年11月初了。

“为赶在11月7日十月革命纪念日前回国，参加在首都莫斯科举行的大型纪念活动，祖父尼古拉与战友们从南昌和武汉向北返程，在兰州经停后却遭遇了恶劣天气，他们在大山中迷路紧急迫降时发生了空难，有多位空军战士身亡。”

归国临行前，尼古拉向战友瓦西里高兴地展示了送给儿子的礼物——一副飞行员防护眼镜。他期待着赶紧回家见一见已半岁左右的儿子。

归国之旅成了尼古拉的最后一程。瓦西里大哭一场,将尼古拉未能亲自带回的礼物装在行囊中,送到了他的家乡。

安德烈告诉我们,当父亲阿里别尔特·尼古拉耶夫·马特维耶夫因癌症去世后,这副飞行员眼镜就由他继承收藏。

两个死亡日期、两次死亡通知

在俄罗斯联邦出版的历史记载《纪念》中,尼古拉死亡的日期,居然有两个备选:1938 年 11 月 2 日或 10 月 19 日。不过,安德烈认为这两个日期都不正确。

在爷爷战友瓦西里多年前的拜访中,他们全家已提前知晓了尼古拉的下落——1938 年 11 月 4 日,他在中国兰州遇难。

尼古拉牺牲两年后,家人才收到从苏联国防部发来的阵亡通知书。安德烈给我们展示了这张文件。

这是张早已泛黄的硬纸证明,分为两个部分,左边部分是发放通知书的时间,是手写的 1940 年的日期以及档案编号;右边部分则用印刷体打印着:尼古拉·比特洛维奇·马特维耶夫在前往中国完成特定任务时牺牲,当时服役于第 57 航空大队。落款处的签名已辨认不清,但紫色公章颜色鲜明。由于年代久远,阵亡通知书的四边已经出现不同程度的磨损,中间的对折痕也开始出现裂纹。

在安德烈一家心中,国防部发来的阵亡通知书是爷爷的“第二次死亡通知”。

曾获一枚中国勋章,却不见踪影

“爷爷牺牲后,奶奶前后向国防部写了 8 封信,询问所有的情况。”安德烈按照时间顺序珍藏着这些信件。

从国防部的回信中,家人确认了尼古拉在中国战场上为国家做出的牺牲,“爷爷曾经在中国参加了 13 场空战”。但未解密的历史,并未详细说明爷爷的功勋。

安德烈说,20岁时的自己,对爷爷的故事不那么感兴趣;随着年岁增长,他有了家族的责任感。奶奶和父亲相继去世后,他继承了家族的使命,继续完善爷爷的记忆。

“国防部的来信中,多次提到爷爷在中国获得了表彰和勋章,但这些都是描述性的语言”,安德烈从未见过这枚勋章,“也许在1941年兵荒马乱的战争中遗失了”。

他向中国国防部写信询问当年的战争记录,信件很快转到了俄罗斯国防部,接着到达俄罗斯驻华大使馆。在中俄相关部门的核实下,爷爷尼古拉在兰州牺牲被埋葬的事实得到确认,只是依然确定不了他的具体埋葬地和墓碑所在地。

不过,令安德烈备感欣慰的是,爷爷的名字被镌刻上了南京的抗日空军纪念碑。安德烈告诉我们,这段苏联战士的历史,在俄罗斯国内并不广为人知。参战的将士早已作古,烈士的第二代也多是耄耋之年,而像他这样的第三代后裔多已不大关心祖辈的战斗岁月。

“我的女儿现在5岁,希望她长大后问起这段历史,我可以告诉她,我的爷爷为和平付出了生命,埋葬在邻国的土地上。”

安德烈说他将继续寻找祖父的足迹,更希望将来整理出版所有的家族照片,为这段历史添加更多的回忆。

小传

尼古拉·比特洛维奇·马特维耶夫

Матвеев Николаи Петрович

中尉，于 1907 年 5 月 11 日出生。1929 年 5 月，尼古拉毕业于鲍里索格列布斯克军事航空飞行学校，此后持续进行飞行进修，于 1936 年毕业于苏联茹科夫斯基空军军事工程学院。随后，他在柳别尔齐军事基地服役，是第 118 歼击机航空兵大队第 57 航空组指挥官。

1938 年 3 月 18 日，他作为苏联空军志愿者参加中国抗日战争。成功完成为时半年的国际主义任务后，尼古拉于 1938 年 11 月 4 日与战友们从南昌和武汉向北返程途中，在兰州经停后遭遇恶劣天气，大山中迷路紧急迫降时发生空难，不幸遇难，另有多位空军战士同时牺牲。

尼古拉牺牲时年仅 31 岁。1938 年 11 月 14 日，尼古拉被授予了红旗勋章。

第十三章
А·И·普希金：苏联英雄的战斗生涯从武汉空战开始

从列昂尼德·伊凡诺维奇·斯柯尔尼亚科夫到伊凡·尼科诺罗维奇·古罗夫，再到菲利普·杰尼索维奇·古里耶，直至康斯坦丁·季莫费耶维奇·奥巴索夫和尼古拉·比特洛维奇·马特维耶夫，这些烈士的家属后裔给我们讲述了一个又一个平凡家庭的期盼和等待，还原了一个又一个战士短暂而光彩的人生。不知不觉间，紧凑的第二次寻访日程已过大半，2013 年 8 月 23 日，我们突然接到了全俄老战士委员会中国分委会主席瓦西里·伊万诺维奇·伊万诺夫的电话，“你们可以去看看普希金的女儿，她会给你讲讲她父亲在武汉空战中的事迹。”

伊万诺夫告诉我们，叶甫盖尼·康斯坦丁洛维奇·奥巴索夫在我们拜访后给他去了电话，他们共同认为前任全俄老战士委员会中国分委会主席 А·И·普希金与武汉有不浅的渊源，他的女儿知道不少父亲的战斗事迹，将会给我们还原苏联援华历史带来许多裨益。

А·И·普希金并不是民众所熟知的诗人普希金的后人，但我们还在国内寻访时，对这个名字就已经熟悉了。南京范方镇老先生翻译的《苏联空军志愿队老战士回忆录》一书中，就有一篇这位幸存的苏联援华空军志愿者回国后撰写的回忆文章《莫斯科到汉口——一个轰炸机飞行员的摘记》。

1938 年 5 月，年仅 23 岁的 А·И·普希金驾驶轰炸机来到武汉。在武汉战斗的 3 个月，他从一个从未有过战斗经验的年轻飞行员成长为一个出色的轰炸机队分队长。在回忆录中，他生动详细地描写了在武汉的战斗生活。这篇回忆录也成为现今研究苏联援华历史的最好史料之一。

与解放公园苏联烈士墓碑上的15位苏联空军志愿者相比,A·И·普希金很幸运。他从战争中生还,回到苏联后,凭借出色的飞行技术在苏芬战争和卫国战争中屡建战功,更在列宁格勒保卫战中荣获了“苏联英雄”称号。

伊万诺夫说，普希金非常珍视当年在中国建立起来的战斗友谊,退役后他成为苏联老战士委员会中国分委会的负责人，带领伊万诺夫来到中国回访中国老战士。中国空军老战士吴鼎臣,也在回忆录中感叹过与普希金的一段友谊。在那段中苏关系尚未完全恢复的日子里,普希金与吴鼎臣意外相认,双双担起两国民间交流的使命,积极活动促使老朋友间的友谊延续存留。

在伊万诺夫老先生的推荐下,我们联络上了A·И·普希金的女儿塔玛拉·普希金娜。

在莫斯科最中心的红场,复活之门前的零公里点上,来自世界各地的游客们,争先恐后地从头顶向上抛撒硬币祈求幸福;以假乱真的“列宁”、“斯大林”、“普京”们迎接着各式的合影,如织的游人以自己的方式回顾着这个国度的辉煌历史。

当我们提出去她家看看老照片时，塔玛拉·普希金娜坚持在红场见面。

“我们坐在这里可以看见对面的国立历史博物馆”,见面后,她带着我们在红场一侧的露天咖啡馆坐下，指着不远处红场门口的国立历史博物馆说,“父亲所有的勋章和历史都已经在这里。”

普希金娜告诉我们,2002年父亲去世后,她将其所有的勋章都捐给了俄罗斯国家历史博物馆。作为莫斯科大学的历史系副教授,她希望父亲所有的荣誉在博物馆长久保留下去，也希望俄罗斯民众能从父亲这里更完整地了解苏联援华志愿者那段尘封的历史。

在武汉参加人生第一场战斗

“我父亲在卫国战争中赢得了最高荣誉‘苏联英雄’称号。但他一生的战斗荣誉却是从中国武汉开始的。在武汉上空，他开始了第一次战斗，获得了第一枚奖章。”塔玛拉·普希金娜战后出生，但从父亲那里，她自小就对武汉这座城市产生了特别的熟悉感。

对父亲那篇名为《莫斯科到汉口》的回忆录，她也几乎能逐字背诵。

1938年春，我们在莫斯科。已经快要到做出最后决定的时候了，我们究竟是去哪儿——去西班牙还是去中国，我朝思暮想的当飞行员的愿望已经快要实现了……现在轮到我了，他们问我愿不愿意去帮助中国人民。自然，我的回答是肯定的，他们告诉我，要派我到中国去，我高兴得蹦出了屋子，很多同志围住了我向我祝贺。

普希金不会忘记自己被选为空军志愿者，前来中国参战时的喜悦。

1938年5月16日傍晚，他开着战斗机停落在汉口基地。虽然是参加志愿队来到中国，却是极为秘密的行动，每位战士都给自己取了假名。他选了俄语中含有“隼”的名字，而其他的飞行员战友则分别挑了含有“燕子、麻雀、鹰、雕”的名字。当有外人接近时，他们就用假名称呼；有时在激烈的战斗间歇，战友们也会互相叫唤鸟名，轻松气氛。

说着就请我们在包铅笔的纸上写下我们的姓，我们在纸上写了一些一定的符号，但没有写姓，虽然我们在中国打仗时都是用的假姓，例如我们机组都是姓一些“鸟”的名字：索洛金、拉斯多奇金、奥尔洛夫。

在此，译者范方镇做了特别的标注，这几个名字在俄语中的意思是喜鹊、燕子和鹰。

由于不懂中文，苏联战士们看不懂地图，只能根据河流形态做记号。

研究将要出击的地区，发给我们的地图上标注的文字都是中文，我们当然不懂，余下的办法就是猜，以及根据河流的形态标上记号。

提前获知作战区域的天气情况，是必要的战斗准备。

我们常常要去作侦察飞行,都是单独飞行,没有掩护,所以随时都要机智灵活,要防止不小心飞进了敌占区。那时候还没有雷达,判断飞机靠的是肉眼目测和听发动机的声音。我沿着河流的上空飞行,寻找云中的天窗,钻到云层上面飞行,按时间计算已到了敌人所在的地区,我观察了那里空中的情况之后,又严格地遵循着原来的航线和时间,飞回去找到了天窗,钻到云层下,沿着河流回到了机场。这样的飞行是带着冒险性的,周围都是山,一些小的失误就可能导致机组人员的牺牲,但又没有别的办法。

在汉口休整三天后,战士们很快投入了战斗。普希金没有参加第一次战斗任务,但却经历了第一次失去挚友的痛苦——对于挚友家庭,这将是难以接受的噩耗。想到在这个国际主义的战场上,这只是经历的残酷牺牲的开始,会有更多的战友埋身在异国他乡,他感慨、难过,更增添了对凶恶敌人的痛恨。

在我们的第一次出击中牺牲了一个机组:这个机组的飞行员是若拉·维利古洛夫。这一不幸消息使我非常痛心,我非常了解若拉,我们就像一家人那么要好,住在一个院子里,我们的妻子也都是好朋友,我怎么来通知他的妻子关于她丈夫的死讯呢……

战斗中的第一次牺牲对于其他活着的人来说特别使人难过,后来有了很多变化,大家也努力克制住自己的感情。

我心里想象着维利古洛夫的坟墓(他葬在安庆市地区),真想去他的墓前献上一束花,因为他是远离祖国同当时最凶恶的敌人——日本军国主义者作斗争而牺牲的,我们在中国的土地上留下了多少这样的墓啊!

对普希金而言,最大的考验是参加人生第一场出击。

这一天终于到了,我们三架飞机要去轰炸在新安地区渡黄河的日

А·И·普希金在战斗机机舱内

A·И·普希金(右)与战友合影

A·И·普希金年轻时与妻子的合影

A·И·普希金(右起第二)正在参加军事作战会议

A·И·普希金(左起第七)与苏联空军志愿队战友们的合影

军，这是我的第一次出击。

我是右僚机，天气不怎么好，云很低，下着雨。我们是在中午起飞的，向北飞行，还没有到达目标就看见渡口附近集结了大批敌军，长机对准了目标飞去，我们跟在他的后面，敌人的高射炮开火了。高度是1200—1500米，这以前我对于什么是高射炮一点概念也没有，此刻甚至高射炮弹的爆炸声也传到了座舱里。我们将炸弹准确地命中了目标就立刻钻进云里去，我丢掉了自己的长机，又怕同它相撞，就尽量向上升爬高，但是上层的云更浓了，还在进入云层以前我们已开始向右转弯了，这时我回转180°钻出了云层，但仍然看不见长机，我明白了，只剩下了我一个，必须回家去，回到自己的机场上去。

塔玛拉·普希金娜记得父亲常常提起队长赫留金。在这位经验丰富的队长带领下，他们轰炸了安庆附近长江中的日舰。虽然在武汉的时间只有短短3个月，但普希金清楚地记得总共执行了20次飞行任务。

没有歼击机的掩护，轰炸机飞行员必须靠高度和队形来学会相互掩护，还要寻机进攻敌机，更重要的是从激烈的战斗中存活下来。普希金告诉女儿，正是在中国战斗中迅速积累的实战经验，让其在卫国战争中能不畏敌军战火。

在中国战场上的英勇表现，为普希金赢得了人生中的第一枚奖章——红旗勋章。

坠机后被中国农民救回

“父亲从来不掩饰自己对于中国的好奇和热爱。他总会跟我称赞那些修飞机场的中国农民，在当时那么恶劣的条件下，他们总是即时配合苏联人的飞行任务，非常勤劳并且很能吃苦。”塔玛拉·普希金娜说，父亲最感慨的是当年战斗中飞机被敌机击落、坠落到稻田中被农民救回的经历。

那场空战发生在1938年7月，日寇已占领了南京，沿长江推进并占领了港口城市安庆，汉口危在旦夕。

在T·T·赫留金的布置下，普希金驾驶轰炸机与一架中国僚机一起轰炸敌方机场。战斗完成后遭遇日军进攻，一个发动机被打坏，依靠剩余的发动机无法返回汉口机场，甚至是近一点的南昌机场，只能选择紧急迫降。

回忆录中，普希金详细回忆了紧急时刻如何决断，以及惊心动魄的降落情景：

怎么办？只有一个办法，在山区里选择一个稍微能用的场地着陆，但这到底是个怎样的场地很难想象。

忽然在一片台地上有一片稻田，到哪儿去找一个合适的场地呢，而发动机哼得越来越厉害了，我下了命令："准备好用机身着陆。"领航员让飞机侧着身子转了过来，射击手紧紧地抓住了旋转机枪架。

转过弯来以后，飞机对准了一块选好的场地，场地上可以看得见有个别隆起的地方，但是没有时间再考虑了，飞机已经熄了火——刚刚将飞机由倾斜拉平就"啪"的一声掉到水里——原来是块稻田，飞机在水中和泥中擦了一下就停了下来。我问：

"啊，怎么样，姓鸟的一家都还活着吧？"经受了这场虚惊之后我竭力给人们一点鼓励。

"燕子活着。"领航员回答，"只是肋骨给挤了一下。"

"鹰活着，只是额头给撞破了……我是从座舱里爬出来的。"

"从各方面来看，我们是在自己的领土上。"我说，"要注意一点，准备好'护身符'和武器。"

我打开了座舱盖，伸手去掏飞行服口袋里的身份证，手枪我没有拿，我刚把手伸进口袋去拿"护身符"，一些已经向我们着陆地方跑来的中国农村居民一刹那间就像是被风吹跑了似的不见了。但是，当他们看到我举起了一张纸以后，又小心翼翼地向稻田边走了过来。我看了一眼爬上了机翼的领航员和射击手，他们也举起了"护身符"。围着我们的人中有几个军人，他们向我们走头，读了"护身符"，对其他人不知说了些什么，那些中国人明显地活跃起来了。我们走下飞机，取下了武器，居民们帮我们从飞机里拿出了降落伞,用手势告诉我们,要我们跟他们走。我们上了路,当我们走过村庄时,中国人放了真正的烟花,空中飞起了自制的会飞的爆竹。

普希金和战友们被安置到村长家过夜,还有轿夫抬他们进城。他们坚决谢绝了好意,让轿夫抬着降落伞和机枪上路返回了汉口。

战斗两天后,指挥部才知道他们活着的讯息。这段被救助的经历,普希金晚年曾一遍遍讲给来自中国的副武官王常福听,也让伊万诺夫记住了这段民间友谊。

1985 年,抗战胜利 40 周年,作为老战士委员会中国分委会负责人的普希金带领伊万诺夫、布拉格维申斯基和费道洛夫来华访问。那一次,他们受邀来到武汉,中国空军老战士吴鼎臣上台讲了一段战斗记忆,分隔近半个世纪的几位老战士再度重逢。

在那个特殊年代,手写的书信经年才能传达相互的问候,从莫斯科到汉口依然有很长的距离,但吴鼎臣与普希金间的书信从未间断。

在莫斯科工作的王常福常常遇到普希金。他说,这位来华战斗过的老战士从来不忌讳与中国朋友往来。在他的带领下,老战士们常常聚在一起回想在中国的岁月,希望从两国民间友谊着力。王常福记得普希金说,老战士们要做两国关系的"报春燕"。

所有勋章捐给博物馆

塔玛拉·普希金娜告诉我们,父亲 1938 年去中国战斗时,她的姐姐刚刚出生,她自己则是在卫国战争胜利那年出生的。

"从中国荣归的父亲,挂念着我的姐姐,从武汉带回了一条粉色的披肩。"

四方形的披巾是丝绸所织,两条带子刚刚好绑在后背上。塔玛拉·普希金娜说,家人都很喜欢这条做工细致、质量上乘的小披巾。大姐在 1938 年使用后,传到了上世纪 50 年代出生的小妹妹身上。她记得,小妹年幼时甚至还将披巾围在了布娃娃上。只是后来搬家了,披巾也不见了。

虽然父亲在中国战绩突出,回国后更成为功勋飞行员,但他从不主动提起这些辉煌的历史。

“他是个很谦虚的人,从不炫耀,更喜欢谈谈战友的事迹。”塔玛拉·普希金娜记忆中,父亲偶尔在兴致勃勃时,才会谈谈当年战斗的趣事,然后跟女儿分享自己战斗胜利的要诀。

不过,这毕竟是段秘密的历史,要不是因为父亲的参战,她也无从知晓。国家几经变革,对历史和英雄的态度起起伏伏,也干扰了民众的认识。对此,她十分感慨。

这位莫斯科大学历史系的副教授研究的是俄罗斯古代历史。她认为,对历史的态度应是完整的尊重,对于苏联援华的这段历史就应如此。“要记着历史,让后辈传承下去。”

2002 年,在父亲去世后,塔玛拉·普希金娜将父亲所有的勋章,包括最高荣誉“苏联英雄”勋章,捐给红场旁的国家历史博物馆。

“将父亲的勋章放在这里,我很放心!”

塔玛拉·普希金娜告诉我们,2005 年世界反法西斯战争暨中国抗日战争胜利 60 周年之际,她曾作为援华老战士后裔代表来华访问。那一次,她在北京感受到了中国民众对于苏联援华战士的尊敬和感恩,也在南京抗日纪念墓碑上看到了牺牲战士的名字,更在武汉亲眼看到了父亲当年战斗的地方。

“这段历史没有被遗忘。”正是那一次,塔玛拉·普希金娜理解了父亲普希金对中国的热爱。她希望有机会再来武汉,乘坐飞机翱翔在长江之上,体验父亲当年在空中战斗的激情。

小传

А·И·普希金　А·И·Пушкин

生于1915年,2002年去世。空军近卫军后备役中将,苏联军队功勋飞行员,苏联英雄。

他于1939年加入苏联共产党,1934年从伏罗希洛夫飞行学校毕业后在红军空军部队服务。

1938年3月到7月,他作为轰炸机分队长参加了中国的抗日战争,并获得红旗勋章。

他是卫国战争的参加者,在1942年的列宁格勒保卫战中获得英雄勋章。战后在苏军中担任各种指挥职务。

第十四章

季莫费伊·季莫费耶维奇·赫留金：率队炸沉日本航母，荣获中国勋章

А·И·普希金兴起之时，会向自己的小女儿赞叹那些卓绝的战友们，他念念不忘的战友之一是轰炸机大队长季莫费伊·季莫费耶维奇·赫留金(简称：赫留金)。在普希金的回忆录《莫斯科到汉口》中，他多次忆起队长赫留金部署战术、在空中带领战士们痛击日本飞机的情形。

普希金的女儿塔玛拉·普希金娜也屡次向我们提起赫留金的名字。她告诉我们，父亲在中国的天空开始第一场战斗，指导他战斗的正是队长赫留金。1938 年完成中国的任务后，父亲与赫留金立即双双投入了卫国战争。“两家人一直保持着联系，我们后代有时也会聚聚。”

这个名字，我们出访俄罗斯之前，在国内搜集资料时就经常看到。

赫留金，轰炸机飞行员出身，参加过西班牙内战和援华航空志愿队，二战空军集团军司令，后为苏联空军副总司令，两次获得苏联英雄称号。由于帮助中国人民打击日本军国主义者，1939 年赫留金获得了第一枚苏联英雄勋章。

这位战功显赫的将军，曾带队在武汉参加空战，他对自己的战士是否有过更翔实的描述？

塔玛拉·普希金娜谈到的家庭聚会，让我们产生一个想法：能否联络上赫留金的后代儿女，让他们来回答我们的诸多疑问？

我们向塔玛拉·普希金娜询问，她当即热情地拨打赫留金的女儿娜塔莉亚·季莫菲耶芙娜·赫留金娜的电话，并高兴地转告我们：对方邀请我们第二日中午到访。

“顺藤摸瓜”，我们接近了这位援华空军志愿队大队长。

2013 年 8 月 25 日中午,我们如约来到娜塔莉亚·季莫菲耶芙娜·赫留金娜的家中,期待着这位英雄的后裔给我们解开历史之谜。

娜塔莉亚的家门敞开着,等待我们的到来。她热情地将我们迎进客厅,一同等待的还有她的弟弟安德烈·季莫费耶维奇·赫留金(简称:安德烈)。原来,前一日娜塔莉亚向家人通告了武汉客人的来访,家人委派他们两人作为代表来给我们讲讲父亲的故事。

安德烈请我们在堆满资料和书本的餐桌前坐下, 起身递上一张名片:莫斯科战争老兵组织卫国战争空军第 8 集团军老兵委员会主席。

他告诉我,父亲在卫国战争中组建了空军第 8 集团军,此后更指挥第 8 集团军参加了斯大林格勒战役, 由此不断晋升成为空军司令。如今,他本人正是这支军队老兵委员会的主席。

从文盲成长为优秀将领

"我的父亲 15 岁的时候还不识字,他完全是自学成才的! "提起父亲,安德烈最佩服的是他的毅力。正是凭借这股毅力,赫留金从一个流浪儿,成长为一名戎马一生的将军。

1910 年 6 月 21 日,赫留金出生在克拉斯诺达尔边疆区叶伊斯克市的一个贫困家庭。这是一个小城里的大家庭,他的祖父是位赶大车的马车夫,父亲是个瓦匠,而母亲则来自一个渔民家庭,是个洗衣女工。

父母亲虽有手艺,仍维持不了家人的生活,无奈之下只得举家来到首都莫斯科谋生。

赫留金已长到了该念书的年纪, 贫困的家庭却无法为他提供条件。从 8 岁起他就开始给一个有钱的哥萨克干活。此后, 他在外流浪了两年,在铁路机车库里干各种杂活,当过锻工、杂工、装卸工。

凭体力卖命的日子终于在青少年时期有了巨大转折, 在赫留金 15 岁那年,他终于有机会接受了扫盲教育,一边干着体力活,一边读书认字。赫留金进入成人学校学习,他的命运再一次被改变。

1929 年,赫留金加入了共产党——从共青团员到党员,成功通过了入党考察期,这对于19岁的青年来说是个莫大的荣耀。此后,他来到了农学院继续学业,三年后入伍加入了苏联红军。

进入伏罗希洛夫格勒第二航空学校,这决定了赫留金今后的命运——他的生命从此与航空事业永不分离。

苏联空军上校A·Г·留托夫在其回忆录《在战斗的中国》中对赫留金有着极高的评价,他称这位年轻人是“天才的军事指挥员”。

“当共和国和佛朗哥分子的战争开始了以后,赫留金是最早打报告要求去西班牙作战的人之一,他打仗打得很出色,获得了一些奖章。”

1936年,赫留金首次来到国际战场上参加战斗。在西班牙这个国际反法西斯阵地上,他从一名轰炸机飞行员成长为一位航空兵支队长,因其作战英勇更被授予了红旗勋章,并于1937年光荣回国。

一名“中国飞行员”的故事

完成支援西班牙的国际主义任务之后,这位历经战火锤炼的年轻军官再一次发出了申请:参加支援中国的苏联空军志愿队。

1938年5月,他率领着新一批的轰炸机大队乘坐TБ-3飞机来到汉口驻扎,在这里他驾驶着СБ高速轰炸机参战。在他的队伍中,尤施帕拉赫是政委,И·С·舒霍夫是领航员,年轻的普希金则是迅速成长的分队长。

长机上走下来一个飞行员,长得又瘦又高,像根竹杆,动作笨拙。他的大致面貌有点像A·H·托尔斯泰描写的彼得一世,这样,飞行员们之间就称他“彼得一世”。

轰炸机飞行员H·Г·科兹洛夫在回忆录《在中国的天空》中,曾这样提到初见赫留金时的印象:

在队员普希金心目中,队长赫留金是一位经验丰富的领导者,战况恶劣时依然带领战士们屡获奇功。

机组之间没有无线电通讯联系，一切要依赖于队长的长机，他的行动应当能使僚机明白，所以飞行员的编队飞行技术有很大的意义。明白了这一点，我们就不能允许一个飞行员在飞行中不能很好地保持队形，有多少次这样的战斗的话，我们就能成为胜利者。在这方面，训练我们机组的T·T·赫留金队长有着很大的功绩。

空军上将А·Г·留托夫更是对赫留金赞不绝口："我知道赫留金是一个很有经验的飞行员，一个很好的指挥员，他被公认为是个勇敢的人，受到了下级的尊敬。"

他还详细描写了赫留金因"在战斗中弄丢了队友受领导批评"的故事。

当天，南京附近集结了一些日本军舰，飞行员们想去袭击，这就出了"洋相"。赫留金没考虑到他的飞行员没有去过这个地区，钻进云里以后他们彼此失去了联系，只有三个机组找到了回来的路，其余的飞机都随便找个地方降落了。为此上级领导日加列夫大发脾气。"带了十二架飞机钻进了云层，在那里把他们丢了，就像粗心的抱窝母鸡在荨麻丛里丢了小鸡。"

А·Г·留托夫为赫留金袒护，是因为他战斗"勇敢，不顾一切"。

"哦，勇敢，不顾一切。"日加列夫接受了这句话，脸上露出了一丝难以觉察的微笑。

对于自己在中国战场上的战斗，在那个特殊年代，赫留金曾化名发表过一篇文章。

安德烈拿起一份老报纸的复印件递给我们的随行翻译。

"请读一读这个名字。"

"胡劲滔(音译)？"翻译依次念出。

"是的！你猜这是谁？"安德烈一脸神秘。

季莫费伊·季莫费耶维奇·赫留金

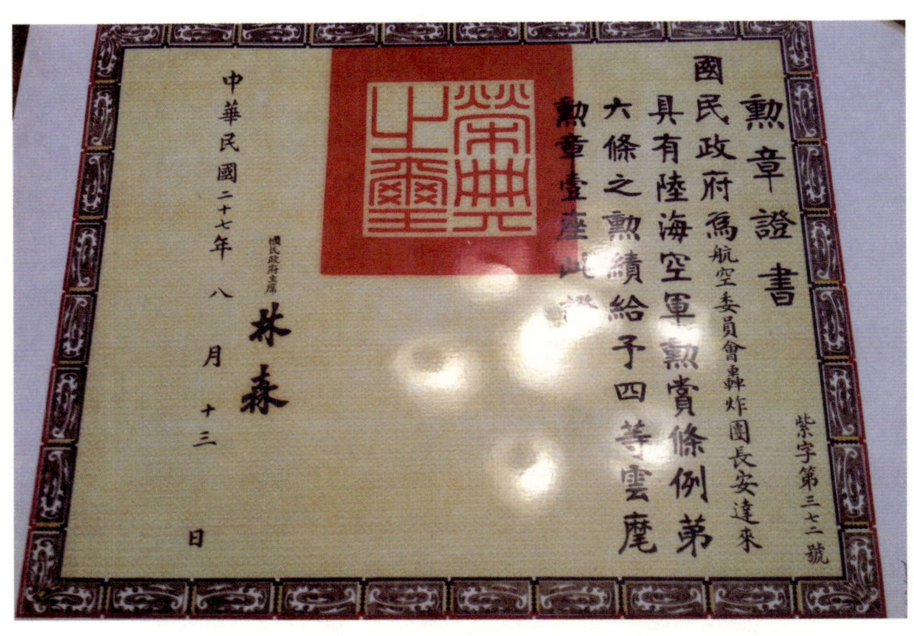

勳章證書

紫字第三七二號

國民政府為航空委員會轟炸團長安達來具有陸海空軍勳賞條例第六條之勳績給予四等雲麾勳章壹座此證

國民政府主席 林森

中華民國二十七年八月十三日

1938 年 8 月 13 日，国民政府颁发给安达来(赫留金所用化名)的勋章证书。

四等云麾勋章及其外装盒套

宋美龄赠送给赫留金的耳环

赫留金与家人的合影

家族成员团聚在赫留金纪念碑周围

“是谁呢？”我一头雾水，翻译继续读出文章的标题：《日本航母的覆灭——一个中国飞行员的故事》。

“这是我父亲赫留金的化名，写自己在中国参战的故事。”安德烈大笑起来，父亲俄语名与这个化名发音很像，应该是他取这个名字的原因吧。

这是1939年7月6日《共青团真理报》刊发在第三版头条的文章。在这份当年苏联青年团中央机关报上，赫留金以一位中国飞行员的口吻记述了在中国发生的空战，尤为详细地讲述了“中国轰炸机炸毁日本航空母舰的战斗过程”。文章写于1939年6月，署名则是“少校胡劲滔”。

“日本人像一群疯狗一样，跑得像飞驰的汽车一样快。现在我们积累了一些经验，我们可以勇敢地说，在对流层顶上我们中国航空队有话语权。”翻译挑出文中精彩的段落念给我们听，“对于领航员宋虎来说，现在世界上什么都没有，除了航空母舰。我，就像自动机器一样，完成他的最细微的命令。我从来没有这样的紧张，好像这一生都没有。炮口已经打开了。炮弹在飞。出发！”

同时安德烈也小声复述着父亲的这篇文章，我们的脑海中呈现了当时紧张的空战场景，心跳随着赫留金战机的上下而起伏。当最后读到“中国飞行员光荣地完成了自己的战斗任务”，我们这才放下心来会心地笑了。

随行翻译反复确认，赫留金回忆的确实是炸毁日本“航母”。可惜的是，在相关史料中，我们没能找到可与之相印证的史实。以他来华参战的时间比对，赫留金很有可能参与过1938年8月苏联空军志愿队对长江上日军舰队的轰炸。

被授予中国勋章，受赠钻石耳环

安德烈从桌上的资料中举起一块镶框的面板，翻过来一看，挂满了勋章。

“这是父亲当年获得的奖章，这里缺了一块中国的勋章！”

“中国的勋章？”

“是的，当年父亲去往中国作战，中国政府为他授勋了一枚奖章，但是遗失了。我们想知道这是枚怎样的勋章，可以请你们帮这个忙么？”

我们从安德烈手中接过这面以黑色绒布衬底的框架面板，大大小小的金质勋章显得格外明亮，最上面一排悬挂的是两枚“苏联英雄”金星奖章，“这是至高无上的荣誉，其中一枚正是因为在中国英勇的战斗而获得的”。

安德烈向我们一一展示奖章，依次有：列宁勋章一枚，红旗勋章三枚，一级苏沃洛夫勋章一枚，一级库图佐夫勋章两枚，一级波格丹赫梅利尼茨基一枚，二级苏沃洛夫勋章一枚，二级卫国战争和红星勋章各一枚。

“父亲支援过西班牙内战，这里有一枚当年的奖章。后面是两枚法国政府奖励的奖章，其中一枚奖章上有法国国旗。”

安德烈指着最右侧的一枚奖章，又指了指父亲生前着军装佩戴勋章的照片比照起来，“这最后一枚奖章我们原以为是中国的奖章，从父亲佩戴的照片上看，非常相像，但是我们比照了奖章的盒子，应该不是的”。

安德烈遗憾地摇摇头，从桌旁拿出一个蓝色的小方盒，上面红底白色繁体字写着“四等云麾勋章”。

“这就是那枚勋章的盒子。”他小心翼翼地翻开盒盖，折叠处已断裂，红色的内衬布上，镶嵌勋章的凹形印记犹在，但勋章早已不见了踪影，剩下的唯有两块勋章上的绶带条纹布，“遗失的部分应该就是那块勋章吧”。

紧说着，他又从旁找出一张报纸大小的彩色照片，“这应该是当年的勋章证书”。为避免证书损坏，家人早早翻印了勋章证书。

在安德烈期待的目光中，我们指着勋章证书上的每处文字念出来——这是在 1938 年 8 月 13 日，依照陆海空军勋赏条例第六条，国民政府为航空委员会轰炸团长安达来颁发的四等云麾勋章。

安达来是赫留金在中国战斗中使用的化名。在普希金的回忆录中，他也曾提到队长是“安德烈也夫”。

“陆海空军勋赏条例第六条”是什么标准？我们很快从网上查到：临阵勇敢率先夺取军械及捕获叛党与匪首者。

我们逐个抚摸着这些金光熠熠的奖章，每一枚奖章背后都是一段光辉的历史。就在翻开最后一枚奖章时，出现了这样的字样：“云麾勋章——国民党银纪局制”！

比照网络上云麾勋章的图片和介绍，两枚勋章极为相似，这是否就是那枚“遗失的勋章”？

“这枚勋章很完整，而那个装云麾勋章的盒子里有遗留的部分，似乎对不上啊！”安德烈存有疑虑，不过得知这是枚中国勋章，大为惊叹，“这些勋章的来历终于弄清楚了”。

安德烈收藏着父亲的军功勋章，而娜塔莉亚则继承了父亲另一样从中国带回来的珍贵的礼物。

“我也有个东西要给你看看！”娜塔莉亚从卧室捧着一个精致的绒面首饰盒走出来。

打开首饰盒，是一对亮闪闪的耳环。

“这是一对钻石耳环，父亲当年从中国带回来的，是宋美龄赠送的礼物。”娜塔莉亚将耳环佩戴起来，金面的耳环依然保存完好，中间有一颗大钻，周围还镶了 20 余颗小钻，雍容华贵。

“关于这对耳环的来历，我们小时候也不知道，从书上才查到原委。”她说，书上曾介绍说父亲在庆功舞会上收到这件礼物，是送给“未婚妻”的。“这段记述不准确。推算起来，父亲当年去中国战场时，已有两个孩子，我的一个哥哥和姐姐分别在 1932 年和 1937 年出生。”

这副珍贵的耳环，赫留金从中国带回来后，送给了夫人波琳娜·迪米特里耶夫娜·赫留金娜。这一直是她最珍爱的首饰之一。

“在我结婚时，母亲将这副耳环送给了我。家里的孩子只有我一人是戴耳环的。”说到这里，娜塔莉亚笑了起来，她十分庆幸能继承这样珍贵的礼物。如今，她只会在最隆重的场合，需要盛装出席时，才会偶尔拿出来佩戴。

“太珍贵了，舍不得。不过，我已经答应要将它传给第一个孙女，她一直等着我送她这个礼物。"娜塔莉亚说，这副耳环已经许诺给现年 14 岁的孙女，再过两年，她也会将此作为成人礼送给自己的孙辈。

寻找遗失勋章，搜集历史档案

"父亲去世得早，他在中国参战的情况，回来后从来没有跟我们家人谈起，也不被允许谈论。哪怕是被授予了勋章，也只是说'完成了特定任务'。可这是什么任务呢？"

安德烈说，现在虽然这段秘密的历史已经解密，但历史却仍未完全呈现出来，"父亲在中国参加的这场战争，可以说我们根本就不知道些什么"。

"今年 4 月份，我又去了家乡叶伊斯克，父亲当年在那里读的航空学校。这所学校现在也不在了，没能找到任何资料；此前我也去过波多明斯克的国防部档案馆和莫斯科的国立军事档案馆查阅，复印了几份档案，也有当时的军事战报和一些史料性的文件，但对于这个'特定任务'还是没有确切的答案。"

"算起来，您搜集父亲这段历史档案也有一段时间了吧？"

"从 2007 年开始，我们家人就开始集中搜集这些资料了，主要是我在做，妹妹帮忙辅助，该去的地方都去了。仅仅是在档案馆我就找了一个多月，很多手写资料非常难以辨认，需要慢慢地整理。基本上从那个时间起，当年参战的老人都去世了，再不搜集，以后永远都找不到了。"

安德烈说，自 2007 年起，他所有的寻找成果基本都铺开在桌上，展示在我们眼前了。他痛心像父亲一样的老战士们一位接一位地离世，越来越感觉自己有责任和义务去完整地了解父亲。

就在我们来访的 3 个月前，他向国立军事档案馆馆长正式写了一封咨询信件。他拿出复印件读给我们听：

1938 年我的父亲赫留金为中国的抗日战争提供了国际军事援助。在一次战斗中他击沉了一艘日本航空母舰，舰上载有 40 架飞机，因为这次战功，蒋介石授予了他勋章(唯一获得此勋章的外国人)。1939 年 2 月 22

日，他获得苏联英雄称号。苏联和日本的历史学家或无法，或不愿证实单凭一架苏联轰炸机单枪匹马便击沉了如此强大的战舰的事实。请您寄给我们一份附有对所发生事件真实性描述的金星勋章授予文件的复件。

对于父亲当年在中国的战绩，安德烈很自豪，也很执着地希望了解全部。中国授勋证书上的条例，以及苏联英雄勋章上表彰的特定任务，在他看来不够明确，不足以还原父亲的战绩。

"我们一直都在找这个勋章。这两年还联系过中国驻俄罗斯大使馆和台湾代表处，都没有得到任何回复。"

安德烈告诉我们，大约在4年前，他曾写信给中国驻俄大使馆咨询勋章事宜，当时没有得到答复，而在一年前又一次写过信给大使馆，依然没有得到回信。于是，他想也许是需要联系台湾代表处吧，但发去的信件，同样石沉大海。

"现在最大的希望就是找回那枚遗失的中国勋章。"

"然后把它挂到这里！"安德烈指着面板上的留白处。

胜利日的祭奠

说到这里，安德烈和娜塔莉亚给我展示了他们大家族的照片。

"每年5月9日，我们整个家族都会聚集在一起，前往父亲的墓碑拜祭，每年都要照一张全家福。"娜塔莉亚拿出前两个月刚刚照的合影，"我们家族现在可是有56个人了"。她骄傲地告诉我们，虽然父亲赫留金不幸早在1953年因车祸去世，但母亲照料着他们八个兄弟姐妹，家里人丁兴盛、和和睦睦，对子女后代的战争和爱国主义教育尤为重视。

5月9日并不是赫留金的忌日，而是俄罗斯的胜利日。"我们选择在这一天去祭拜父亲。当地学校的孩子们也会在当天去给父亲献花圈。我们会在那一天缅怀父亲的英雄事迹，跟孩子们讲父亲的故事。"

安德烈说他已计划了行程，希望到中国来，沿着父亲在中国战斗的痕迹寻访，一定会来武汉，会去拜祭解放公园里的苏联空军英烈。"不是旅游”,他特别强调,“而是重温历史”。

娜塔莉亚也特意留下了我们的电话，她说自己的孙子是位摄影师，也有计划到长江沿线拍一拍曾外祖父走过的地方。

“我们可以看看你们在俄罗斯找到的英雄后代么？”离别前,安德烈和娜塔莉亚主动提出看看我们在俄罗斯寻访的成果，他们期待有机会能与这些当年父辈一同战斗过的英雄后代们聚聚。

小传

季莫费伊·季莫费耶维奇·赫留金

ТимофейТимофеевиqХрюкин

1910年6月21日出生,1953年7月19日因交通事故过早逝世。

赫留金是轰炸机飞行员出身，参加过西班牙内战和苏联援华航空队，二战空军集团军司令,1944年升任空军上将,1946年出任苏联空军副总司令,两次获苏联英雄称号。

赫留金生于克拉斯诺达尔边疆区叶伊斯克市的一个贫困家庭。祖父是个赶大车的马车夫,父亲是个瓦匠,母亲出身于一个渔民家庭,是个洗衣女工。由于在小城市里养不活一个大家庭，赫留金一家搬到了首都。从八岁起赫留金就给一个有钱的哥萨克干活，后来他从家里跑出来在外面流浪了两年。此后在铁路机车库当锻工、杂工、装卸工。

他在15岁才开始接受扫盲教育，从事过各种体力工作,1929年加入共产党。在农学院学习了一段时间之后,1932年加入苏联红军,后来进了伏罗希洛夫格勒第二航空学校，这决定了赫留金今后的命运——他的生命与航空事业永不分离。

赫留金是最早打报告要求去西班牙作战的军人之一，他于1936年至1937年在西班牙战争中任轰炸机飞行员、航空兵支队长,因作战英勇获得红旗勋章。

1938年的援华战争中,赫留金担任苏联援华空军志愿队大队长、轰炸机群群长。执行超过100次战斗出动。1939年2月22日赫留金获得苏联英雄称号。

苏芬战争期间，他担任第十四集团军空军司令，共完成战斗出动约100次。1940年5月份,赫留金晋升为少将,1941年5月27日,他被任命为第十二集团军空军司令。1942年6月任西南方面军空军司令,在极端复杂的情况下指挥空军在斯大林格勒近郊作战,同时完成了空军第8集团军的组建工作。

1945年4月19日，赫留金再获苏联英雄金星,1946年任苏联空军副总司令,次年调入国土防空军任职,1950年复任空军副总司令。

第四部分

俄罗斯的回响

第十五章
俄国家电视台接力寻访苏军烈士

从武汉到南京，再到北京，直至俄罗斯，我们寻访的足迹由国内延伸至国外。得到越来越多国际友人无私帮助的同时，我们也获得了国内外媒体的关注。他们的加入，为我们寻访烈士后裔拓展了另一种渠道。

俄罗斯双语杂志《俄罗斯与中国》转载报道

2013 年 5 月，我们与时任俄罗斯国防部保卫祖国烈士纪念管理局派驻中国的官员卢秋科取得联系，他曾向我们推荐中俄双语杂志《俄罗斯与中国》杂志对他所在管理局的报道。通过这份报道，我们开始知道俄罗斯政府多年来一直在努力寻找牺牲在异国的烈士。

而由此，我们也关注到了这本双语杂志中的“历史之页”栏目。出发赴俄前，我们通过电邮联系了杂志总编辑弗拉基米尔·别列日内赫，希望他推荐俄罗斯的相关历史研究者。

7 月 9 日晚，在我们结束第一次赴俄寻访之际，《俄罗斯与中国》代表打来电话，转达了总编辑弗拉基米尔·别列日内赫对我们寻访的支持。

与此同时，我们收到了弗拉基米尔·别列日内赫的邮件。他表示，作为一家俄罗斯媒体，“感谢中国媒体关注在中国牺牲的苏联空军志愿队。在当年的中国抗日战场上，苏联志愿队同中国空军一起为中国的解放事业做出了艰辛的努力。还原历史需要做大量的考证和搜集工作，长江日报的努力殊为不易”。

随后，《俄罗斯与中国》在 2013 年的第四季刊中，大篇幅转载报道了我们的寻访报道。也正是通过他们对烈士百岁遗孀安娜的回访，我们获悉这位百岁老人于2013年10月中旬过世。

《俄罗斯与中国》杂志社总部位于俄罗斯伊尔库茨克市，以中文和俄语两种语言，对中俄两国政经商界交往中的大事件进行报道，重点关注远东和北亚地区的动态。此前，该杂志曾在栏目“历史之页”中，系统介绍了俄罗斯对在中国的苏军烈士墓碑维保计划。

目前，该杂志的发行范围涵盖中俄两国主要的外交机构和学术研究院校。

俄国家电视台《等着我》加入寻访

在武汉结识的莎罗诺娃·维克多莉亚·根纳季耶夫娜夫人，回到俄罗斯后一直兑现着帮助我们的诺言。

她向我们引荐了俄罗斯卫国战争纪念馆，无意中促成了我们与烈士后裔尤里·列昂尼多维奇·斯柯尔尼亚科夫的见面，还向我们介绍了俄罗斯国家电视台一台大型寻亲栏目《等着我》的总制片人谢尔盖·安纳多利耶维奇·库什里廖夫。

“等着我吧，我会回来的，亏了你的苦苦等待，在炮火连天的战场上，从死神手中，是你把我拯救出来……”这首苏联二战期间广为传颂的诗歌，鼓舞了无数红军战士胜利归来的信念。这档为战争中离散亲人寻亲而开设的节目启动时，借用了这一家喻户晓的诗篇名。

《等着我》是在俄罗斯声誉和收视率靠前的大型寻亲节目，为二战失散亲人提供了公共交流平台。除在国内第一频道周播外，《等着我》栏目还在白俄罗斯和乌兹别克斯坦等数个原苏联加盟共和国播出，在俄语国家拥有大量忠实的观众群。

2010年，中国中央电视台曾与俄国家电视台合作，联合推出同名跨国寻亲公益节目《等着我》。在长达4个小时的国际连线中，中俄两国的数位寻亲者讲述了历经半个世纪对亲人、朋友和当年恋人的寻找和等待，引发了社会关注。

2013年7月9日下午，莫斯科河旁，在《等着我》栏目的录制现场办公室中,我们见到了这位制片人。

谢尔盖·安纳多利耶维奇·库什里廖夫的外祖父正是当年在武汉上空战斗的苏联援华空军志愿队大队长格里戈里·库里申科,他对武汉空战、武汉保卫战及在武汉埋骨的苏联空军志愿队烈士都很熟悉。在详细了解我们在武汉和国内多座城市的寻访报道后,他当即表示希望加入我们在俄罗斯的寻访行列:“这段历史应该为两国民众所熟知和传颂,很荣幸能够参与到寻访在汉牺牲苏联空军志愿队战士后裔的行动中”。

8月初,该栏目拜托长江日报在武汉完成了相关的采访拍摄工作,以解放公园苏联烈士墓碑设计者之一张良皋的回忆为引,向俄罗斯民众讲述这段武汉上空的记忆。与此同时,该栏目也在官网和微博等多媒体平台上,开设寻访专区,呼吁民众广泛参与提供线索。

几个月后,《等着我》播出了张良皋的来信,呼吁国民提供1938年在汉牺牲的苏联空军志愿队烈士线索。

栏目编辑伊莲娜向我们介绍,该期节目于当地时间2013年12月13日下午5时播出,总长度50分钟。寻访在汉牺牲苏军烈士的段落开始于第20分钟,长约2分53秒。

播出现场,女主持人玛利亚·瓦西里耶夫娜·舒克申娜首先朗读了张良皋的来信——张老是解放公园苏军烈士墓园设计者之一,我们8月第二次赴俄寻访前夕,他把这封信郑重托付给我们。

张老在信中回忆了少年时亲历苏联空军战士来华助战的场景及武汉苏军烈士纪念墓建设施工细节,期待《等着我》栏目和长江日报联手开展寻访活动。

随后,主持人完整宣读了解放公园墓碑上15位苏军烈士的姓名,呼吁观众积极提供寻访线索。为了让观众熟悉武汉这座城市,与节目解说词相配的画面中,不仅出现了汉口解放公园内的苏联空军志愿队烈士墓碑,也展现了武汉的标志性建筑黄鹤楼和长江大桥。

现场观众一片肃穆。伊莲娜告诉我们,不少观众在节目录制结束后记下了烈士们的名字,讨论着向家人和朋友打听这段历史。

两年过去了,我们与伊莲娜及《等着我》栏目一直保持着联系。从栏目组陆续传来了新的消息，一位又一位俄罗斯民众致电咨询这段苏联援华的事迹。《等着我》栏目也正在核实新的线索，期待有新的大发现，计划以两地相认的形式组织一场更大规模的“认亲”仪式。

附：张良皋信件原文（选摘）

尊敬的《等着我》主持人：

你好!

我叫张良皋，是你们友好邻邦中国之湖北省武汉市一位年逾九旬的老人。今天适值中国抗日战争爆发76周年，素昧平生的我之所以给你写这封信，是因为我有一个郁积多年的心愿迄今未及实现，想在有生之年通过你们的这个节目得偿所愿。

今年是世界反法西斯战争中的著名战役武汉保卫战，也是中国抗日战争中规模最大的空战之一武汉大空战75周年。75年前，在中国人民和中国军队抗击日寇侵略的武汉保卫战中，苏联政府派出由大批苏联空军精英组成的空军志愿队来到中国，来到武汉，与来犯的日寇空军展开搏杀。他们鹰击长空，骁勇善战，保卫了武汉，保卫了中国，也保卫了世界反法西斯阵线。

1938年我还是一个15岁的懵懂少年。我和很多玩伴一道，空战警报响起时不愿躲进防空洞，反而跑到户外观战。我们看着苏联空军志愿队与中国空军的飞机从汉口王家墩机场一架架起飞。我们看着这些战鹰掠过龟山，掠过长江，向东飞去，迎击来犯的日寇。我清楚地记得，仅1938年5月到8月，自己就曾9次目睹苏联空军志愿队与中国空军在武汉上空并肩作战，并亲眼目睹好几架日机拖着长长的黑烟坠落爆炸。

据后来的报纸报道，共有200多位年轻而勇敢的苏联空军志愿者在中国献出了生命。在武汉，1956年政府将15位确认的苏联空军志愿队烈士的遗骸从原来的万国公墓迁葬新建的解放公园，并修建了墓地和纪念碑。

由于战争的缘故,很多烈士的档案资料残缺不全,很多烈士我们无法核实姓名。这 15 位有名有姓的烈士,长江日报记者虽辗转获得了他们的部分资料,仍然无法一一打听到他们的故乡和亲人。希望《等着我》栏目和长江日报联手开展寻访活动,同时也呼吁这些烈士们的亲人后裔及朋友能踊跃与你们建立联系,讲述英烈生前身后事。这是我的愿望,我相信,这也是两国人民的一个共同愿望。

武汉老人 张良皋

2013 年 7 月 7 日

于中国·湖北·武汉家中

《等着我》总制片谢尔盖·安纳多利耶维奇·库什里廖夫:"武汉是外祖父库里申科当年战斗过的地方"

《等着我》总制片谢尔盖·安纳多利耶维奇·库什里廖夫的另一个身份是苏联援华空军志愿队烈士后裔,他的外祖父正是当年在武汉上空战斗的苏联援华空军志愿队大队长——格里戈里·库里申科。

谢尔盖·安纳多利耶维奇·库什里廖夫告诉我们,外祖父来到中国参战时,自己的母亲只有 3 岁。外祖父牺牲多年,家人一直不知道他在哪里战斗,如何牺牲,直到母亲在莫斯科上大学时遇到一位从中国来的留学生朱育理,才知道外祖父在武汉的空战中飞机受重创迫降在万州的长江中牺牲。

上世纪末来中国采访出差时,谢尔盖·安纳多利耶维奇·库什里廖夫曾受邀到访重庆万州,并来到外祖父墓前祭拜。不过他还没有机会到武汉看一看外祖父曾经战斗过的地方。

"武汉是外祖父当年战斗过的地方,我希望借这次机会两地联手,将这段光荣的战斗史进行充分展示。"他告诉我们,武汉的媒体想寻访当年的烈士后裔,他非常高兴和感激。正如他的家族所经历的那样,他深刻理解失去亲人信息的迷茫和悲痛。

“弥补战争档案中缺失的信息,我们为失散亲人搭建桥梁。”通过《等着我》这个栏目,谢尔盖·安纳多利耶维奇·库什里廖夫与同事已为许多二战中离散家庭找到亲人。他希望武汉和俄罗斯两地的寻访,让烈士亲人的守望重温两国民众的真情。

第十六章
跨国寻访促成中俄轮展

位于胜利广场上规模宏大的卫国战争纪念馆,顾名思义,为庆祝卫国战争的胜利而建，这里是俄罗斯最重要的战争纪念馆和国防教育基地。

早于 2013 年 5 月与莎罗诺娃·维克多莉亚·根纳季耶夫娜夫人在武汉见面时,这位参与许多博物馆研究工作的外交官夫人,就建议我们赴俄时到博物馆试一试寻找烈士资料，她也非常乐意帮我们联络俄罗斯最著名的爱国主义教育基地——俄罗斯中央卫国战争纪念馆。

2013 年 7 月初抵达莫斯科后的周一，莎罗诺娃夫人邀请我们前往该馆与负责人会面。

你们正在寻找的历史,也是我们希望得到的答案

卫国战争纪念馆副馆长维克多·尼古拉耶维奇·斯克里亚宾率领着老兵代表在正门迎接我们。

“希望通过长江日报向武汉市政府和市民表示感谢，感谢武汉建立苏军纪念碑及完好保存烈士墓碑。”

“你们正在寻找的历史,也是我们希望得到的答案。”未及我们提出疑问,维克多副馆长就遗憾地表示,在中央卫国战争纪念馆没有相关历史资料。

在这里,光荣厅里的石碑上,镌刻着万余名苏联英雄名字,见证着每一段艰苦的岁月;闪烁着光芒的 2700 万条水晶,更是对二战中 2700 万名死难者的缅怀和纪念。只是这其中,唯独缺少了一段苏联战士们远赴异国、援华抗战的历史记录。

“据我们了解，这一段历史现在俄罗斯并无博物馆有专题展示，只在同期的展览中有些侧面涉及。”维克多副馆长说，“但这段历史是不能被忽略的，关于苏军志愿者的资料十分珍贵。”

“一大批在中国反法西斯战场上锻炼起来的空军志愿者，回国后立即投身卫国战争。正是在中国的对日空战中，他们积累了宝贵的经验，迅速成长为优秀战士。”

从援华战争到卫国战争——这正是反法西斯战士们成长的足迹。通过在中国战场上的战斗，他们锻炼出保家卫国的真实本领。副馆长的一席话，让我们的寻访增添了新的分量。

他还透露，上世纪苏联志愿队在多国完成国际主义任务，包括早于中国战场的西班牙内战。相关事迹2013年已开始有历史资料汇集，不少民众表现出对这段历史的兴趣。

我们又前往中央武装力量博物馆查找资料。这座展馆几乎展示了俄罗斯历史上所有决定性战役，除了图文并茂的历史资料，更有一个广场用以陈列曾经使用的战斗武器。但这里也没有关于苏联援华空军志愿队的专题陈列，我们只能通过同时期的记录，推测援华战士的风貌。

我们一度以为，在这个不会遗忘英雄的国度，想要了解葬于武汉这15位英雄的事迹，应该不是件难事。可是，当我们踏上这片土地，却发现，再宏大的纪念碑，也记不下所有应当被铭记的名字。

那么，名字没有镌上纪念碑、事迹没有登入博物馆，就会被遗忘吗？当然不是。

这一路的寻访，我们常常感觉遗憾，也常常被深深地触动。

当我们在博物馆中，在纪念馆中，寻找着历史的痕迹，不经意间，总能看到年轻的父母牵着孩子，穿梭在战争展馆中。他们小声地给孩子讲战争与英雄的故事。这些小朋友们，大多不过四五岁，一边摇晃着小小的飞机模型，一边兴奋地辨认英雄徽章。铭记历史，更要传承历史，这不正是我们寻找遗失历史的意义所在么？

而当我们在莎罗诺娃夫人的引领下穿梭在莫斯科地铁站中时，她也从不忘指给我们看看，在那些高大的卫国战争英雄铜像旁，总会放着一枝红色玫瑰，或者供着一瓶鲜花、一盆绿植。

“不谢的鲜花为永生的英雄而献。只要有心，经过的人们都会献上一朵。”

我想，纪念永远不会局限于某一种仪式，看看这里的人们，你就能明白这一点。

中俄约定举办两地轮展

2013 年 7 月结束第一次寻访后，我们于 8 月中旬再度启程前往俄罗斯多地探访烈士后裔。半个月里，我们循着烈士们出生、成长和出发的足迹，从莫斯科出发，先后奔赴莫斯科州波多明斯克市、巴拉希哈市和柳别尔齐市，直至南部边疆区克拉斯诺达尔市和罗斯托夫边疆区沙赫特市，最终转回莫斯科州奥金佐沃市，跨越了俄罗斯半域疆土。武汉解放公园苏军烈士纪念墓碑上的 15 个烈士名字，我们还原出其中 3 位的真容：牺牲时年仅 24 岁的苏军战士伊凡·尼科诺罗维奇·古罗夫，刚为新生儿取了名字就赴华的烈士列昂尼德·伊凡诺维奇·斯柯尔尼亚科夫，101 岁遗孀尚在的烈士菲利普·杰尼索维奇·古里耶。

8 月在俄罗斯展开正式寻访的同时，我们在长江日报上同步刊发了“武汉上空的鹰——寻访苏联空军志愿队烈士”系列报道，在国内激起极大的社会反响，勾起了中国民众对俄罗斯传统友谊的追忆。我们也期望这种热情能传播到俄罗斯，让两国民众在共同的记忆中深化对彼此的了解和友谊。

8 月 27 日，我们回访俄罗斯卫国战争纪念馆。

怎么能将我们的寻访成果在俄罗斯展现呢？是否可以借助俄罗斯当地的博物馆来进行一次专题展览？

与俄罗斯中央卫国战争纪念馆的负责人再次会面时，我们展示了寻访成果，也提出了初步的想法。

“我们可以就此发起一次两地互动的轮展，全面展示苏联援华空军志愿队的历史！”该馆国际事务部负责人谢尔盖·康斯坦基诺维奇·哈立顿诺夫与我们一拍即合。

紧接着，他向我们详细介绍了专题展的经验，指出重要的是要核实历史数据，搜集历史展品，进行有序专项分类，更可利用交互式和多媒体手段办展。他向我们介绍，围绕“卫国战争和中国抗日战争”主题，中央卫国战争纪念馆已与中国四座城市进行了四次联合展览。如 2013 年上半年，该馆在沈阳举行了“卫国战争的爆发”专题展览；2013 年 9 月 18 日，沈阳在莫斯科展出“中国抗战的起点”专题展。他表示，希望 2014 年有机会将联展办到武汉，并将武汉上空的苏联志愿队历史带回俄罗斯让民众认识。

“以武汉为中心全方面展现当年抗日战争中两国的互助，不仅可加深中俄民众的传统友谊，更可让武汉与莫斯科两座城市深化交流。”谢尔盖·康斯坦基诺维奇·哈立顿诺夫对双联展充满热情和信心。

由此，作为信使的我们，带着俄罗斯的期待回国，开始与武汉的博物馆协商，双方联展开始进入倒计时。

轮展武汉站

武汉市民观看“卫国战争的爆发”展览：牢记历史是感恩更是激励

2013 年 8 月底，我们回国后，开始投入到联系中俄双方开展互展的工作中。作为信使的我们，向武汉市委宣传部、武汉市文新广局(现武汉市文化局)带去了俄罗斯中央卫国战争纪念馆的意向函。该馆驻中国代表李多力也几度来汉选择展馆、传授跨国展览经验。

经过多方努力，跨国展览首先在武汉落地。2014 年 6 月 19 日，俄罗斯“卫国战争的爆发——纪念世界反法西斯战争胜利 69 周年”展览在武汉辛亥革命博物馆揭幕。

本次展览为期三个月，由武汉市文新广局、俄罗斯中央卫国战争纪念馆、沈阳“九一八”历史博物馆与长江日报联合主办，武汉辛亥革命博物馆承办，受到俄罗斯联邦驻华大使馆、中俄友协等机构的支持。

展览主题确定为“卫国战争”。这场于 1941 年 6 月 22 日爆发的战争，历时四年，卷入了苏联每一个家庭，夺走了 2700 万苏联军民的生命。在展览中，200 多幅图片、22 套实物，全面展示了苏联卫国战争的历史画卷，真实反映了苏联军民在世界反法西斯战争中做出的巨大牺牲和贡献。

卫国战争是俄罗斯最重要的历史时期，了解这段历史，才能理解这个国家，进而为中俄两国民众的交流奠定互信的基础。

展览当天，俄罗斯联邦驻中国大使馆公使衔参赞陶米恒专程从北京来汉，为展览揭幕。开幕式上，陶米恒用流利的汉语致辞。

向武汉的观众介绍完这段俄罗斯历史后，他着重提到了苏联援华空军志愿队的历史意义。

“从 1937 年到 1941 年，成千上万的苏联空军志愿者参加了中国人民的抗日战争，236 名飞行员在抗击日军的空战中牺牲。我们今天关注这段历史，无论是对于老兵，还是对于青年一代，都至关重要。我们距离那段历史越久远，就越要牢记老战士们创建的功勋，并将它传承给年轻的一代，培养年轻人的爱国主义情怀。”

他说，电脑、手机上，不需要的资料按一下按钮就可以删掉，但历史不是这样，历史是删不掉的。中国人民是俄罗斯人民的伟大邻居和朋友，在世界反法西斯战争中做出了巨大牺牲和贡献。今天我们非常感谢中国的朋友们，因为在中国，人们给予那些曾经和中国军人并肩战斗的苏军战士们应有的尊重和怀念。

他也特别感谢长江日报，并提起我们寻找到的有关 1938 年参与过武汉保卫战的苏联飞行员的珍贵历史资料。

此后，长江日报向辛亥革命博物馆赠送了寻访到的苏联空军志愿队烈士相关资料，辛亥革命博物馆则向长江日报颁发了收藏证书，并表示将把这些资料作为珍贵文物永久收藏。

展览中，1941 年苏联卫国战争爆发时出版的《真理报》原件，曾来华支援抗战的俄罗斯老战士协会中国分委会主席、俄中友好协会副主席伊万诺夫将军的勋章，参加过武汉空战的苏联空军志愿队飞行员布拉格维申斯基来华抗战时的留影等展品，引人注目。为双方联展牵线搭桥的李多力先生也捐赠了 9 套历史展品，包括 1941 年的《真理报》和卫国战争的历年纪念邮票等。

当天的展览还临时增加了4件展品。这些展品来自参与过列宁格勒保卫战的武汉辛亥后裔向浒，是他的侄儿、68岁的武汉大学教授向虎雏提供的。向虎雏是辛亥志士向岩的长孙，向浒是他伯父。当得知“卫国战争的爆发”将在辛亥革命博物馆展出时，向虎雏主动找到该馆，表示愿意将伯父几件与卫国战争有关的遗物拿出来展览。这些遗物包括一本卫国战争海报剪辑簿、一枚保卫列宁格勒军功章、一张全俄美术学院任命书以及一张向浒本人的素描。

一直关注我们寻访的张良皋这一年已经91岁。在女儿的搀扶下，他拄着拐杖特地赶到辛亥革命博物馆展览现场。工作人员为他准备了轮椅，他却连声说，“坐轮椅不恭敬，不恭敬”，坚持慢慢走进展厅。

陶米恒见到这位耄耋老人，连忙上前握住他的手，用中文说：“幸会，幸会！”张良皋用俄文回应，并幽默地说：“你的中文说得非常标准。我只会这一句俄文，非常高兴看见你！”

张良皋回忆，“4·29空战”当天晚上，牺牲战士的追悼会在武汉市总商会（即现武汉市工商联）举行，不少市民自发前去悼念。

得知张良皋是参加过抗战的老兵，陶米恒说：“今天我也很激动，应该感谢你们这些老战士所作的贡献。非常荣幸有机会跟您交流，您就是活的历史。”张良皋紧握着陶米恒的手说：“能和老朋友的后代握握手，非常高兴，中国和俄罗斯的友谊值得终身维系，让我们世世代代友好。”

轮展莫斯科站

俄罗斯中央卫国战争纪念馆迎来“武汉日”：“武汉抗战”纪念展在莫斯科开幕

2014年9月3日，正值中国人民抗日战争胜利69周年纪念日，“武汉抗战”纪念展在俄罗斯中央卫国战争纪念馆隆重开幕。俄罗斯军队、文化界和反法西斯老战士代表共200余人参加开幕式，并参观展览。

展览分为四个部分：“共赴国难”、“战时首都”、“保卫武汉”和“持久抗战”，展出历史图片170幅及部分珍贵实物，全面反映武汉抗日战场波澜壮阔的历史画卷。纪念展由武汉文新广局、长江日报社、俄罗斯中央卫国战争纪念馆、中国人民抗日战争纪念馆共同主办，展期两个月。这是武汉首次在俄罗斯举办抗战专题展，俄罗斯中央卫国战争纪念馆提供全部实物展品，其中部分内容为首次披露。

中国驻俄罗斯大使李辉、中央卫国战争纪念馆馆长扎巴洛夫斯基和武汉市委常委、宣传部长李述永等出席开幕式并致辞。

驻俄大使李辉在致辞中说，中国14年抗战是世界反法西斯战争的重要组成部分，1938年武汉保卫战具有特别重要的意义，我们将永远铭记苏联人民在中国抗战中作出的贡献。

武汉市委常委、宣传部长李述永在致辞中缅怀武汉抗战及苏联空军志愿队的英勇战绩，回顾了近代中俄在武汉的商贸交流，期待通过举办“武汉抗战”纪念展，铭记历史，缅怀先烈，巩固友谊，深化武汉与俄罗斯的交流合作。

在“武汉抗战”题图的对面，展出当时日本军人标准装备，包括枪支、不锈钢军刀、皮靴等。两米外是一名中国军人的标准装备，粗布军衣、步枪、臂章、布鞋和绑腿。馆方介绍，装备的出场顺序表现侵略和反侵略的关系，以及双方力量对比。抗战中援华外籍军人持有的一件布标上，中国政府要求军民在他们遇到困难时给予帮助。武汉保卫战时中国政府与苏联政府的外交文件也是首次被展出。

到场的俄方嘉宾许多到过中国，他们看着展览，向中国朋友忆起关于中国的美好经历。参加当天活动的有不少老将军，据中国驻俄使馆武官杨旭光少将介绍，其中一位身着浅色西装的先生曾担任俄罗斯空军副司令员。

展览还展出部分反映当代武汉发展新貌的图片，并播放了武汉最新城市形象宣传片，让俄罗斯民众更全面地了解武汉——这座正在走向国际化的大都市。

第五部分

纪念没有尾声

第十七章
寻访新发现的 14 位在汉牺牲烈士将增刻入碑

2015 年 6 月，当我们正在撰写本书时，寻找烈士的工作又获得重大进展。

经中华人民共和国外交部和俄罗斯联邦驻华大使馆共同确认，除 15 位埋葬在武汉解放公园苏军烈士墓中的烈士外，新发现 14 位苏联空军志愿队成员在 1938 年和 1939 年的武汉空战中牺牲，并被埋葬在武汉。中俄两国共同决定，2015 年 9 月 3 日抗战胜利纪念日之前将这 14 位烈士的名字增刻到解放公园苏军烈士墓碑上。

2013 年寻访时，从南京的民间研究者范方镇处，我们获得了牺牲在中国的 236 位苏联空军志愿队烈士名录。通过比对，发现 9 位在汉牺牲的苏军烈士未在解放公园烈士墓碑上留下名字。俄罗斯大使馆得到这一信息后高度重视，联合俄罗斯国立军事档案馆重新查证。经过近两年的工作，确定共有 29 位苏联空军志愿队成员在武汉牺牲。

俄罗斯大使馆提出，将这 14 位新确认的苏军烈士姓名增刻到解放公园的烈士墓碑上，得到中国外交部同意。俄罗斯驻华大使馆武官达姆李诺夫专程来汉，就此事与省市外事部门和解放公园进行了沟通。

解放公园管理处副主任杨少武告诉我们，园方将以中俄双语对墓园内方尖碑、纪念墓上的说明文字进行修改、增刻，14 位烈士的名字将镌刻在烈士墓的第二排。

此次俄方提供的档案来源于俄罗斯国立军事档案馆，烈士的生卒年月、军衔、牺牲原因及授勋情况都有记录，几位烈士的故乡也得以披露。

我们梳理名单发现，14 位英烈都出生于 1910 年前后，牺牲时最年轻的只有 24 岁。他们大多为中尉及以上军衔，多数是飞行员。

遗憾的是，俄方提供的档案中并没有他们的照片。

俄罗斯有句话说，只有一场战争中牺牲的最后一位烈士被找到,这场战争才真正结束。这表达出了俄罗斯人民对每个生命的敬畏。

我们对这些异国烈士的纪念没有尾声,寻访还将继续。

14 位苏联空军志愿队烈士名单

按各烈士牺牲时间先后顺序（在纪念碑上从左到右），名单排序如下：

阿列克谢·安德烈耶维奇·约西弗夫

第四高速轰炸机队队长,中尉,生于1908年,1931年入党,1937年10月20日来华,1938年1月15日在汉口机场的空难中牺牲，葬在南昌。1938年7月4日被授予红旗奖章。

阿列克谢·基里尔洛维奇·利特韦诺夫

第17高速轰炸机队(位于加里宁市)副队长,中尉,生于1912年,1932年入党,1937年10月8日来华,1938年1月15日在汉口机场的空难中牺牲。1938年3月被授予红旗奖章。

亚科夫·拉夫连季耶维奇·柳巴里

领航员,中尉,生于1912年,1932年入党,1937年10月8日来华,1938年1月15日在汉口机场的空难中牺牲。1938年7月4日被授予红旗奖章。

安德烈·马尔基安诺维奇·舒曼

初级飞行员、观察员,中尉,生于1907年,无党派人士,1937年10

月 8 日来华,1938 年 1 月 15 日在汉口机场的空难中牺牲。1938 年 3 月被授予红旗奖章。

阿尔谢尼·马特维耶维奇·奥布霍夫

叠伞员，生于 1913 年,1937 年入苏联列宁主义青年团,1937 年 11 月 15 日来华,1938 年 3 月 15 日从汉口机场起飞时,发生空难牺牲。被授予红旗奖章。

阿列克谢·叶夫根尼耶维奇·乌斯佩斯基

队长、大尉，生于 1906 年,1925 年入党。1938 年 3 月 13 日来华,1938 年 4 月 29 日在汉口空战中牺牲。

列夫·扎哈罗维奇·舒斯特尔

初级飞行员、中尉,生于 1914 年,1932 年入党。1938 年 3 月 13 日来华,1938 年 4 月 29 日在汉口空战中牺牲。

弗拉基米尔·米哈伊洛维奇·乌达洛夫

无线电员、射击手、初级指挥官,生于 1914 年,苏联列宁主义青年团团员。1938 年 3 月 28 日来华,1938 年 7 月 16 日在汉口机场被日军飞机轰炸身亡,葬在汉口。

康斯坦丁·马特维耶维奇·乌达洛夫

第 12 高速轰炸机大队航空技术员、一级军事技术员,1914 年生于高尔基州伊万科沃穆罗姆族区(1938 年的行政区域划分)。1938 年 7 月

16 日牺牲，葬在汉口。

谢尔盖·瓦西里耶维奇·费多罗夫

无线电员、射击手、初级指挥官，生于 1914 年，无党派人士。1938 年 3 月 28 日来华，1938 年 7 月 16 日在汉口机场被日军飞机轰炸身亡，葬在汉口。

彼得·谢苗诺维奇·菲利波夫

飞行教练，中尉，生于 1910 年，1932 年入党。1938 年 3 月 13 日来华，1938 年 8 月 3 日牺牲，葬在汉口。

亚历山大·伊万诺维奇·索洛维耶夫

副队长、准尉，生于 1912 年，苏联列宁主义青年团团员，1938 年 2 月 1日来华，1938 年 8 月 21 日在汉口空战中牺牲，葬在汉口。

亚历山大·伊拉里昂诺维奇·雷苏金

航空队队长，大尉，生于 1910 年，1931 年入党，1939 年 9 月 9 在衡州以南 20 公里处的空战中牺牲，葬在汉阳。

谢尔盖·安德烈耶维奇·费多谢耶夫

莫斯科 8548 号军区无线电员、射击手，准尉。生于 1912 年，预备党员。1939 年 7 月 21 日来华，1939 年 10 月 14 日飞机被击中后身亡，葬在距安陆市 60 公里处的西杨镇。

附 录

援华牺牲的苏联空军志愿队烈士全名单(中俄文)

序号	烈士姓名	军职 军衔	出生年份	牺牲日期	埋葬地	死因
1	季洪·列昂尼多维奇·阿芙捷也夫	上尉	1903年	1938年11月1日	汉中	空难
2	尼柯莱·伊万诺维奇·阿加福诺夫	政治指导员	1909年	1938年8月11日	不详	病逝
3	彼得·伊万诺维奇·阿列尼科夫	大尉	1902年	1938年3月16日	兰州	空难
4	依格纳特·安东诺维奇·阿列克山德连科	二级军事技术员	1914年	1938年12月19日	陕巴巴村(平陆地区)	空难
5	瓦西里·谢尔盖也维奇·阿列克赛也夫	中尉	1907年	1937年12月2日	南京	空战
6	德米特利·彼得洛维奇·安德列也夫	中尉	1913年	1938年11月1日	汉中	空难
7	米哈依尔·伊万诺维奇·安德列也夫	中尉	1910年	1937年12月2日	南京	空难
8	米哈依尔·米哈依洛维奇·阿诺索夫	中尉	1908年	1937年2月24日	南昌	空难
9	亚历山大·马卡洛维奇·巴巴诺夫	中尉	1914年	1939年8月3日	兰州	空难
10	伊万·米哈依洛维奇·巴布什金	大尉	1905年	1940年9月16日	桂林	病逝
11	巴克拉金·尼基福·葛里高利也维奇	红军战士	1917年	1939年2月9日	平凉	轰炸中牺牲
12	巴什顿丘克·伊万·沙维里也维奇	初级指挥官	1912年	1938年7月3日	不详	失踪
13	萨拉姆·库尔别柯维奇·柏达依采夫	大尉	1909年	1938年10月4日	白石地区	空战
14	别达克·德米特里·丹尼洛维奇		1915年	1938年12月20日	陕巴巴村(平陆地区)	空难
15	贝利茨基·葛里高利·查哈洛维奇	初级指挥官	1913年	1938年1月26日	衡山	空战
16	尼柯莱·彼得洛维奇·别索诺夫		1912年	1938年3月16日	兰州	空难
17	亚历山大·马特维耶维奇·别柳科夫	初级指挥官	1914年	1938年2月17日	不详	空战
18	阿列克赛·费道洛维奇·别柳科夫	初级指挥官	1911年	1938年8月12日	南昌	空战
19	伊万·阿列克山德洛维奇·波柏洛夫	中尉	1909年	1938年11月1日	汉中	空难
20	亚历山大·谢尔盖也维奇·波格丹诺夫	初级指挥官	1910年	1938年8月5日	不详	空难

序号	烈士姓名	军职 军衔	出生年份	牺牲日期	埋葬地	死因
21	彼得·叶尔莫拉耶维奇·波依科夫	中尉	1913年	1938年1月26日	不详	空战中失踪
22	彭达莲科·瓦西里·依卓托维奇	大尉	1906年	1938年12月19日	陕巴巴村（平陆地区）	空难
23	叶戈尔·马克西莫维奇·柏里略夫	红军战士		1940年4月1日	哈密	病逝
24	亚历山大·伊万诺维奇·布尔丹诺夫	上尉	1911年	1937年12月2日	南京	空战
25	布申·安德烈·叶甫多基莫维奇	中尉	1910年	1938年4月4日	常熟	空难
26	亚历山大·马克西莫维奇·瓦西尤科夫	准尉	1911年	1938年11月1日	汉中	空难
27	尼柯莱·伊万诺维奇·瓦西里也夫	中尉	1909年	1938年2月25日	南昌	空战
28	符多维钦科·弗拉基米尔·伊万诺维奇	中尉	1913年	1938年1月26日	南京	空战中失踪
29	格奥尔基·尼科莱耶维奇·维利古洛夫	中尉	1911年	1938年5月21日	安庆	空战
30	维克多·彼得洛维奇·沃尔科夫	准尉		1938年8月5日	不详	空难
31	德米特利·尼柯莱也维奇·沃洛帕也夫	中尉	1914年	1940年5月16日	莫斯科	因伤不治
32	德米特利·康斯坦丁诺维奇·沃洛霍夫	中尉	1915年	1938年8月5日	不详	空难
33	加夫利林·伊万·安那利耶维奇		1901年	1938年3月16日	兰州	空难
34	列昂尼德·季洪诺维奇·季里雅也夫	上尉	1912年	1938年11月1日	汉中	空难
35	格诺也弗依·维克多·安东诺维奇	上尉		1938年8月5日	乌鲁木齐	空难
36	巴维尔·尼基弗洛维奇·哥洛沙波夫	3级军事工程师	1905年	1938年8月5日	乌鲁木齐	空难
37	尼柯莱·米哈依洛维奇·哥尔捷也夫	中尉	1914年	1939年12月26日	兰州	空战
38	葛尔琴柯·伊万·福明	中尉	1906年	1938年1月29日	洛阳	空战
39	瓦西里·巴甫洛维奇·格里雅切夫	初级指挥官	1913年	1938年1月12日	芜湖	空战
40	马特维·格奥尔基也维奇·葛洛莫夫		1902年	1938年3月16日	兰州	空难

序号	烈士姓名	军职 军衔	出生年份	牺牲日期	埋葬地	死因
41	安德列·瓦西里也维奇·格里沙也夫	初级指挥官	1908年	1938年11月1日	汉中	空难
42	菲利普·杰尼索维奇·古里耶	上尉	1909年	1938年8月12日	南昌	空战
43	伊凡·尼科诺罗维奇·古罗夫		1914年	1938年8月3日	汉口	空战
44	安东·葛里高利也维奇·古雪夫		1912年	1938年3月16日	兰州	空难
45	格奥尔基·康斯坦丁诺维奇·达维多夫	初级指挥官	1911年	1938年8月12日	南昌	空战
46	亚历山大·叶梅里亚诺维奇·觉格捷夫	3级军事工程师	1906年	1938年12月19日	陕巴巴村（平陆地区）	空难
47	捷里雅金·尼柯莱·安德列也维奇		1907年	1938年3月16日	兰州	空难
48	乌拉基米尔·格拉西莫维奇·多尔戈夫	上尉	1907年	1938年7月16日	汉口	空战
49	多姆宁·米哈依尔·安德列也维奇	2级军事技术员	1907年	1938年3月14日	芜湖	空战
50	斯捷潘·尼柯莱也维奇·德洛科夫	上尉	1907年	1938年3月16日	兰州	空难
51	瓦西里·查哈洛维奇·叶尔菲莫夫	红军战士	1917年	1940年8月13日	哈密	牺牲
52	阿尔赛尼·费道洛维奇·茹霍夫	初级指挥官	1913年	1938年11月1日	汉中	空难
53	阿列克赛·阿列克山得洛维奇·茹科夫	2级军事技术员		1938年8月5日	不详	空难
54	米哈依尔·伊万诺维奇·茹拉夫列夫	少校	1901年	1938年2月4日	蒙恰得	空难
55	康斯坦丁·叶戈洛维奇·查巴鲁耶夫	上尉	1907年	1938年1月7日	南昌	空战
56	尼柯莱·伊万诺维奇·查兰斯基		1914年	1938年1月30日	不详	不详
57	金琴柯·.费道尔·菲利波维奇	上尉	1911年	1940年1月10日	延河地区	空难
58	齐赛尔·波利斯·伊兹拉依列维奇	中尉	1913年	1938年8月5日	乌鲁木齐	空难
59	巴维尔·米哈依洛维奇·祖柏科夫	准尉	1913年	1938年6月13日	咸阳	空难
60	尼柯莱·拉里沃诺维奇·祖伊科夫		1911年	1938年3月16日	兰州	空难

序号	烈士姓名	军职 军衔	出生年份	牺牲日期	埋葬地	死因
61	亚历山大·彼得洛维奇·伊万诺夫	初级指挥官	1915年	1938年8月12日	南昌	空难
62	彼得·伊万诺维奇·伊万诺夫	2级军事技术员	1912年	1938年11月1日	汉中	空难
63	安德列·尼柯莱耶维奇·耶鲁沙利莫夫	1级军医	1903年	1938年3月16日	兰州	空难
64	伊万·季莫菲耶维奇·英科夫采夫	初级指挥官		1940年3月26日	不详	战役中牺牲
65	庸金·尼柯莱·伊万诺维		1908年	1938年3月16日	兰州	空难
66	阿列克谢·安德烈耶维奇·约西弗夫	中尉	1908年	1938年1月15日	南昌	空难
67	伊万·瓦西里耶维奇·依沙也夫	中尉	1913年	1939年12月26日	兰州	空战
68	卡杜克·亚历山大·莫依赛耶维奇	上尉	1904年	1938年2月4日	不详	空难
69	卡那施科·谢尔盖·季莫菲耶维奇	准尉	1915年	1938年12月22日	南京	不详
70	卡西扬尼基·特洛菲姆·阿列克山洛维奇	初级指挥官	1911年	1938年11月1日	汉中	空难
71	卡中·葛里高利·雅科夫列维奇	中尉	1911年	1937年12月22日	南昌	空战
72	瓦西里·阿列克赛也维奇·卡施卡洛夫	中尉	1907年	1938年7月4日	南昌	空战
73	莫伊赛·伊萨阿科维奇·基吉里什登	初级指挥官	1913年	1938年2月15日	汉口	因伤不治
74	尼柯莱·伊万诺维奇·基里洛夫	准尉	1910年	1937年11月7日	沧州	空难
75	基尔纽斯·阿尔卡基·祖赛维奇	2级军事技术员	1913年	1938年11月1日	汉中	空难
76	维克多·巴甫洛维奇·克尼亚采夫	中尉	1911年	1938年8月5日	乌鲁木齐	空难
77	科瓦里·亚历山大·叶梅里亚诺维奇	上尉	1907年	1938年12月20日	成都	空难
78	尼柯莱·伊沙也维奇·科瓦列夫	中尉	1908年	1938年11月1日	不详	空难
79	亚历山大·巴甫洛维奇·柯金采夫	2级军事技术员	1909年	1938年11月1日	邵阳	空难
80	瓦连金·谢尔盖耶维奇·考兹洛夫	初级指挥官	1912年	1938年2月15日	汉口	空战
81	柯金·阿列克赛·叶菲莫维奇	1级军事技术员	1914年	1940年1月2日	宝庆	空难

序号	烈士姓名	军职 军衔	出生年份	牺牲日期	埋葬地	死因
82	阿列克赛·伊万诺维奇·柯列斯尼科夫	初级指挥官	1911年	1938年11月1日	汉中	空难
83	德米特利·盖拉西莫维奇·柯列斯尼科夫	2级军事技术员	1908年	1938年12月20日	陕巴巴村（平陆地区）	空难
84	米哈依尔·谢苗诺维奇·科洛特可夫	中尉	1912年	1938年8月5日	乌鲁木齐	空难
85	柯西金·葛里高利·彼得洛维奇	初级指挥官	1913年	1938年1月21日	南京	空战
86	科施窦斯金·安德列·巴甫洛维奇	2级军事技术员	1906年	1938年10月20日	汉中	牺牲
87	科托鲁平柯·瓦西里·德米特里耶维奇	少校	1904年	1940年11月15日	重庆	病逝
88	亚历山大·瓦西里耶维奇·克留科夫	中尉	1908年	1938年1月29日	洛阳	空战
89	亚历山大·伊万诺维奇·克留科夫	准尉	1907年	1938年12月19日	陕巴巴村（平陆地区）	空战
90	亚历山大·阿列克赛也维奇·库兹涅佐夫	初级指挥官	1913年	1938年12月20日	汉中	牺牲
91	维克多·伊诺肯基耶维奇·库兹涅佐夫	1级军事技术员		1938年8月5日	乌鲁木齐	空难
92	库库施金·葛里高利耶维奇·雅可夫	少校	1897年	1938年2月4日	不详	空难
93	德米特里·费奥法诺维奇·库列申	初级指挥官	1914年	1938年8月21日	福州	因伤不治
94	库里申科·葛里高利·阿基莫维奇	大尉	1907年	1939年10月14日	万县	空战
95	库尼察·米哈依尔·叶菲莫维奇	中尉	1915年	1939年12月28日	兰州	不详
96	瓦西里·米哈也维奇·库尔丘莫夫	上尉	1906年	1937年10月28日	肃州	空难
97	库申科·伊万·尼柯莱也维奇	中尉	1911年	1938年3月14日	不详	失踪
98	拉夫连丘克·尼柯莱·伊万诺维奇	2级军事技术员	1907年	1938年6月13日	咸阳	空战
99	葛里高利·费道洛维奇·列别杰夫	初级指挥官	1915年	1938年5月24日	不详	失踪
100	列文·伊万·马克西莫维奇	2级军事技术员	1910年	1938年12月19日	陕巴巴村（平陆地区）	空难

序号	烈士姓名	军职 军衔	出生年份	牺牲日期	埋葬地	死因
101	阿列克谢·基里尔洛维奇·利特韦诺夫	中尉	1912年	1938年1月15日	南昌	空难
102	亚历山大·伊万诺维奇·鲁施科夫		1910年	1938年3月16日	兰州	空难
103	鲁卡舍维奇·米哈依尔·瓦西里耶维奇			1939年8月20日	不详	牺牲
104	鲁金·伊万·丹尼洛维奇	上尉	1913年	1939年10月14日	施娘镇	空战
105	亚历山大·伊拉里昂诺维奇·雷苏金	大尉	1910年	1938年9月9日	衡阳	空战
106	亚科夫·拉夫连季耶维奇·柳巴里	中尉	1912年	1938年1月15日	南昌	空难
107	马格里亚克·亚历山大·葛里高利耶维奇	中尉	1913年	1938年8月12日	南昌	空战
108	伊万·巴甫洛维奇·马卡洛夫	中尉	1909年	1938年5月24日	不详	失踪
109	马里明·费道尔·瓦西里耶维奇	大尉	1904年	1938年11月1日	汉中	牺牲
110	尼柯莱·瓦西里耶维奇·马里采夫	2级军事技术员	1913年	1938年12月19日	陕巴巴村(平陆地区)	空难
111	马尔克·尼古拉耶维奇·马尔琴科夫	初级指挥官	1914年	1938年7月9日	汉口	因伤不治
112	德米特里·巴甫洛维奇·马特维耶夫	中尉	1907年	1938年7月16日	汉口	炸死
113	尼柯莱·彼得洛维奇·马特维也夫	大尉	1907年	1938年10月19日	兰州	空难
114	马特金·安德列·伊里奇	上尉	1907年	1938年7月3日	不详	失踪
115	米哈依尔·尼柯莱也维奇·梅尔库洛夫	初级指挥官		1938年8月5日	乌鲁木齐	空难
116	巴维尔·瓦西里也维奇·米洛特沃尔采夫	2级军事技术员	1915年	1938年12月19日	陕巴巴村(平陆地区)	空难
117	斯捷潘·米哈依洛维奇·米哈依洛夫	初级指挥官	1911年	1938年12月19日	陕巴巴村(平陆地区)	空难
118	莫斯卡尔·沙姆松·安德列也维奇	中尉	1907年	1938年6月3日	安庆	空战
119	巴维尔·.瓦西里也维奇·穆拉维也夫	中尉	1909年	1938年3月14日	不详	失踪

序号	烈士姓名	军职 军衔	出生年份	牺牲日期	埋葬地	死因
120	苏里曼·阿赫梅章诺维奇·穆尔秀卡也夫	上尉	1905年	1938年5月24日	不详	失踪
121	纳查鲁克·米哈依尔·伊万诺维奇	少尉	1909年	1939年10月19日	不详	牺牲
122	尼柯莱·尼基弗洛维奇·涅日丹诺夫	中尉	1913年	1937年11月22日	南京	空难
123	瓦西里·米哈依洛维奇·涅斯缅洛夫	中尉	1906年	1938年4月4日	西安	空难
124	瓦西里·卡皮多诺维奇·尼基弗洛夫	1级军事技术员	1909年	1938年8月5日	不详	空难
125	奥波隆·亚历山大·瓦西里耶维奇	初级指挥官	1913年	1938年12月19日	陕巴巴村（平陆地区）	空难
126	阿尔谢尼·马特维耶维奇·奥布霍夫	初级指挥官	1913年	1938年3月15日	南昌	空难
127	伊万·巴甫洛维奇·奥采洛夫	2级军事技术员	1915年	1938年11月1日	汉中	空难
128	康斯坦丁·季莫费耶维奇·奥巴索夫	上尉	1908年	1938年7月4日	南昌	空战
129	亚历山大·瓦西里也维奇·奥连霍夫	中尉	1912年	1938年1月9日	南昌	空战
130	瓦连金·瓦西里也维奇·奥西波夫	初级指挥官	1911年	1938年2月4日	不详	空难
131	亚历山大·瓦西里耶维奇·帕基莫夫	红军战士	1918年	1941年4月12日	不详	空难
132	乌拉基米尔·伊凡诺维奇·巴拉莫诺夫	2级军事技术员	1911年	1938年2月15日	汉口	因伤不治
133	瓦西里·瓦西里耶维奇·别索茨基	中尉	1907年	1938年2月15日	汉口	因伤不治
134	阿尔西尼·彼得洛维奇·彼得洛夫	中尉	1909年	1937年12月2日	南京	空战
135	彼得洛维奇·格奥尔基·安东诺维奇	2级军医	1902年	1938年8月5日	乌鲁木齐	空难
136	格奥尔基·尼柯莱也维奇·帕列沙科夫	中尉		1938年8月5日	乌鲁木齐	空难
137	波古金·阿尔卡基·伊万诺维奇	初级指挥官	1911年	1938年12月19日	陕巴巴村（平陆地区）	空难
138	尼基塔·叶菲莫维奇·波德瓦尔斯基	初级指挥官	1915年	1938年7月26日	安庆	空战
139	伊万·彼得洛维奇·波多戈夫	中尉	1909年	1938年10月5日	不详	不详

序号	烈士姓名	军职 军衔	出生年份	牺牲日期	埋葬地	死因
140	维克多·瓦西里也维奇·波利卡诺夫		1916年	1938年3月16日	兰州	空难
141	米哈依尔·费道洛维奇·波里雅科夫	中尉	1913年	1939年8月18日	天水	空难
142	米哈依尔·丹尼洛维奇·波波夫	2级军事技术员	1909年	1938年12月19日	陕巴巴村(平陆地区)	空难
143	巴维尔·葛里高利也维奇·波波夫	初级指挥官	1912年	1938年8月12日	南昌	空战
144	谢尔盖·葛里高利耶维奇·波波夫	准尉	1915年	1937年12月2日	南京	空战
145	伊万·伊万诺维奇·波塔波夫	中尉	1909年	1938年1月7日	南昌	空战
146	亚历山大·尼柯莱也维奇·拉兹古洛夫	中尉	1908年	1938年1月26日	衡山	空战
147	罗任卡·伊万·卡尔波维奇	上尉	1910年	1939年12月30日	柳州	空战
148	费道尔·谢苗诺维奇·罗曼诺夫	中尉	1908年	1938年2月18日	兰州	飞行事故
149	鲁巴什金·安纳托利·德米特利也维奇	中尉	1909年	1938年9月15日	南昌	牺牲
150	米哈依尔·马克西莫维奇·鲁缅采夫	准尉	1908年	1938年2月17日	不详	失踪
151	沙文·谢尔盖·伊万诺维奇		1902年	1938年3月16日	兰州	空难
152	沙夫金·彼得·法缅科维奇	1级军事技术员	1907年	1938年8月5日	不详	空难
153	维尼亚明·伊万诺维奇·沙尔马诺夫	红军战士	1916年	1939年2月9日	兰州	轰炸中牺牲
154	尼柯莱·瓦西里也维奇·沙拉依斯基	中尉	1908年	1938年1月29日	洛阳	空战
155	伊万·巴甫洛维奇·谢列波良尼柯夫	2级军事技术员	1916年	1941年4月12日	不详	车祸
156	西蒙宁柯·葛里高利·彼得洛维奇	红军战士	1917年	1939年2月9日	平凉	轰炸中牺牲
157	尼柯莱·瓦西里也维奇·西良夫斯基	上尉	1904年	1938年11月1日	汉中	空难
158	彼得·拉夫连基也维奇·斯柯科夫	团长	1901年	1941年5月1日	重庆	病逝
159	列昂尼德·伊凡诺维奇·斯柯尔尼亚科夫	上尉	1909年	1938年8月17日	武汉	牺牲

序号	烈士姓名	军职 军衔	出生年份	牺牲日期	埋葬地	死因
160	尼柯莱·阿列克赛也维奇·斯米尔诺夫	中尉	1907年	1938年2月25日	南昌	空战
161	尼柯莱·米哈依洛维奇·斯米尔诺夫	中尉	1914年	1938年8月5日	不详	空难
162	谢尔盖·德米特利也维奇·斯米尔诺夫	上尉	1908年	1938年2月25日	南昌	空战
163	尼柯莱·费道洛维奇·斯梅斯里雅也夫	2级军事技术员	1911年	1938年12月19日	不详	牺牲
164	亚历山大·伊万诺维奇·索洛维耶夫	准尉	1912年	1938年8月21日	汉口	空战
165	伊万·彼得洛维奇·斯捷潘诺夫	大尉	1907年	1939年8月3日	兰州	空难
166	伊凡·伊里奇·斯图卡洛夫	上尉	1905年	1938年7月16日	汉口	牺牲
167	叶甫盖尼·伊里奇·苏霍鲁科夫	中尉	1912年	1938年7月4日	南昌	空战
168	塔留金·米哈依尔·阿列克赛也维奇	大队政委	1900年	1938年2月24日	南昌	空难
169	尼柯莱·叶菲莫维奇·捷里诺夫	上尉	1910年	1938年3月16日	兰州	空难
170	亚历山大·葛里高利耶维奇·捷连霍夫	1级军事技术员	1910年	1938年11月1日	汉中	空难
171	尼古拉·米哈伊洛维奇·泰列霍夫	上尉	1907年	1938年8月12日	南昌	空战
172	彼得·伊万诺维奇·捷连霍夫		1909年	1938年10月20日	不详	牺牲
173	亚历山大·巴甫洛维奇·吉洪诺夫	大尉	1910年	1938年8月12日	南昌	空战
174	特卡钦科·尼柯莱·查哈洛维奇	中尉	1911年	1937年11月7日	常州	空难
175	托夫钦尼克·伊万·阿列克山得洛维奇	2级军事技术员	1914年	1938年12月19日	陕巴巴村（平陆地区）	空难
176	伊万·叶菲莫维奇·托尔季诺夫	初级指挥官	1911年	1938年11月1日	汉中	空难
177	托洛波维奇·斯捷潘·雅可夫列维奇	3级军医		1938年12月19日	陕巴巴村（平陆地区）	空难
178	谢尔盖·瓦西里也维奇·特里弗诺夫	2级军事技术员	1907年	1938年12月19日	陕巴巴村（平陆地区）	空难

序号	烈士姓名	军职 军衔	出生年份	牺牲日期	埋葬地	死因
179	杜日尔金・葛里高利・瓦西里也维奇	中尉	1912年	1938年1月29日	洛阳	空战
180	弗拉基米尔・米哈伊洛维奇・乌达洛夫	初级指挥官	1914年	1938年7月16日	汉口	牺牲
181	康斯坦丁・马特维耶维奇・乌达洛夫	1级军事技术员	1914年	1938年7月16日	汉口	牺牲
182	阿列克谢・叶夫根尼耶维奇・乌斯佩斯基	大尉	1906年	1938年4月29日	汉口	空战
183	伊万・弗多洛维奇・乌达诺夫	中尉	1910年	1938年6月21日	重庆	空战
184	伊万・德米特里也维奇・费多林诺夫	中尉	1911年	1938年8月5日	不详	空难
185	谢尔盖・瓦西里耶维奇・费多罗夫	初级指挥官	1914年	1938年7月6日	汉口	牺牲
186	谢尔盖・安德烈耶维奇・费多谢耶夫	准尉	1912年	1939年10月14日	汉口	空战
187	尼柯莱・伊万诺维奇・费里莫诺夫	初级指挥官	1915年	1938年12月19日	陕巴巴村(平陆地区)	空难
188	彼得・谢苗诺维奇・菲利波夫	上尉	1910年	1939年8月3日	汉口	空战
189	福明・瓦西里・尼柯莱也维奇	上尉	1908年	1938年2月17日	不详	空战
190	葛里高利・伊万诺维奇・弗洛罗夫	2级军事技术员	1907年	1938年11月1日	汉中(南昌)	空难
191	谢苗・阿列克赛也维奇・赫里欧切柯夫	中尉	1911年	1938年7月4日	南昌	空战
192	恰邦・彼得・伊格纳基也维奇	中尉	1908年	1938年2月24日	南昌	空难
193	恰依金・谢尔盖・伊万诺维奇	1级军事技术员	1904年	1938年11月1日	汉中	空难
194	米哈依尔・查哈洛维奇・契连科夫	初级指挥官	1908年	1938年11月1日	汉中	空难
195	契赫拉窦依・亚历山大・涅斯捷洛维奇	中尉	1914年	1938年4月4日	西安	空难
196	亚历山大・谢尔盖也维奇・楚古诺夫	红军战士	1914年	1938年8月5日	不详	空难
197	柯西杨・柯西杨诺维奇・楚里亚科夫	上尉	1907年	1938年8月12日	南昌(九江)	空战
198	舒库拉・伊万・伊万诺维奇	2级军事技术员	1909年	1938年4月4日	西安	空难

序号	烈士姓名	军职 军衔	出生年份	牺牲日期	埋葬地	死因
199	伊沙克·安得列也维奇·舍夫卓夫	2级军事技术员	1911年	1938年11月1日	汉中	空难
200	舍夫琴柯·菲利浦·米哈依洛维奇	上尉	1910年	1938年1月26日	衡山	空战
201	维克多·伊万诺维奇·舍施塔科夫	2级军事技术员	1913年	1938年11月1日	汉中	空难
202	施平·瓦西里·库帕里雅诺维奇	上尉	1907年	1938年12月19日	成都	空难
203	米哈伊尔·德米特里耶维奇·绍什洛夫	2级军事技术员	1908年	1938年2月8日	汉口	空难
204	斯杜尔明·安那托里·德米特利也维奇	上尉	1908年	1938年6月26日	南昌	空战
205	安德烈·马尔基安诺维奇·舒曼	中尉	1907年	1938年1月15日	南昌	空难
206	列夫·扎哈罗维奇·舒斯特尔	中尉	1914年	1938年4月29日	汉口	空战
207	格奥尔基·伊诺肯基也维奇·舍尔加切夫		1916年	1938年3月16日	兰州	空难
208	阿列克赛·尼柯莱也维奇·舍尔巴科夫	2级军事技术员	1908年	1938年11月1日	汉中	空难
209	彼得·阿列克山德洛维奇·雅伯利科夫		1904年	1938年8月16日	兰州	空难
210	伊万·尼柯莱也维奇·雅姆希科夫	1级军事技术员	1908年	1938年8月5日	乌鲁木齐	空难
211	费道尔·葛里高利也维奇·雅申科夫	中尉	1908年	1938年11月2日	兰州	空难
212	A·C·拉赫马诺夫	大队长		1938年10月10日	汉阳	不详
213	A·Ф·普拉霍洛夫	中尉		1937年12月4日		空战
214	基达耶夫·康斯坦丁					不详

注:该名册是在俄罗斯驻华大使馆提供的中俄文版《苏联空军志愿队烈士名册》的基础上,综合了长江日报近两年寻访到的烈士信息编写而成。名册中包括1937—1941年抗日战争时期在中国牺牲并葬于中国的苏联空军志愿队烈士,共计214人。

С П И С О К

Советских летчиков–добровольцев,погибших в антияпонской войне китайского народа в 1937–1941 годах и похороненных на территории Китая.

Фамилия,имя и отчество	Воинское звание	Год рожд.	Время гибели	Место захоронения	Причина гибели
Авдеев Тихон Леонидович	старший Лейтенант	1903	1.11.1938	Ханьчжун	а/к
Агафонов Николай Иванович	политрук	1909	11.8.1938	Не известно	умер от болезни
Алейников Петр Иванович	капитан	1902	16.3.1938	Ланьчжоу	а/к
Александренко Игнат Антонович	воентехник 2–го ранга	1914	19.12.1938	д.Шаньпапа Район Пинлу	а/к
Алексеев Василий Сергеевич	лейтенант	1907	2.12.1937	Нанькин	в/б
Андреев Дмитрий Петрович	лейтенант	1913	1.11.1938	Ханьчжун	а/к
Андреев Михаил Иванович	лейтенант	1910	2.12.1937	Нанькин	а/к
Аносов Михаил Михайлович	лейтенант	1908	24.2.1938	Наньчан	а/к
Бабанов Александр Макарович	лейтенант	1914	3.8.1939	Ланьчжоу	а/к
Бабошкин Иван Михайлович	капитан	1905	16.9.1940	Гуйлинь	умер от болезни
Баклагин Никифор Григорьевич	красноармеец	1917	9.2.1939	Пинлян	п/б
Бастынчук Иван Савельевич	младший командир	1912	3.7.1938	Не известно	пропал без вести
Бдайциев Салам Курбекович	капитан	1909	4.10.1938	Район Байши	в/б
Бедак Дмитрий Данилович		1915	20.12.1938	Шаньпапа Район Пинлу	а/к
Белицкий Григорий Захарович	младший командир	1913	26.1.1938	Хэншань	в/б
Бессонов Николай Петрович		1912	16.3.1938	Ланьчжоу	а/к
Бирюков Александр Матвеевич	младший командир	1914	17.2.1938	Не известно	в/б

а/к – авиакатастрофа, в/б – воздушный бой, б/в – пропал без вести, п/б – погиб от бомбежки, н/д –нет данных.

Бирюков Алексей Федорович	младший командир	1911	12.8.1938	Наньчан	в/б

Бобров Иван Александрович	лейтенант	1909	1.11.1938	Ханьчжун	а/к
Богданов Александр Сергеевич	младший командир	1910	5.8.1938	Не известно	а/к
Байков Петр Ермолаевич	лейтенант	1913	26.1.1938	Не известно в/б,пропал	б/в
Бондаренко Василий Изотович	капитан	1906	19.12.1938	Шаньпапа	а/к
Брилёв Егор Максимович	красноармеец		1.4.1940	Хами умер от болезни	
Бурданов Александр Иванович	старший лейтенант	1911	2.12.1937	Нанькин	в/б
Бушин Андрей Евдокимович	лейтенант	1910	4.4.1938	Чжанцу	а/к
Васюков Александр Максимович	старшина	1911	1.11.1938	Ханьчжун	а/к
Васильев Николай Иванович	лейтенант	1909	25.2.1938	Наньчан	в/б
Вдовиченко Владимир Иванович	лейтенант	1913	26.1.1938	Нанькин в/б,пропал	б/в
Велигуров Георгий Николаевич	лейтенант	1911	21.5.1938	Аньцин	в/б
Волков Виктор Петрович	старшина		5.8.1938	Не известно	а/к
Воропаев Дмитрий Николаевич	лейтенант	1914	16.5.1940	в Москве умер от ран	
Ворохов Дмитрий Константинович	лейтенант	1915	8.8.1938	Не известно	а/к
Гаврилин Иван Ананьевич		1901	16.3.1938	ланьчжоу	а/к
Гиряев Леонид Тихонович	старший лейтенант	1912	1.11.1938	Ханьчжун	а/к
Гноевой Виктор Антонович	старший лейтенант		5.8.1938	Урумчи	а/к
Голошапов Павел Никифорогич	военинженер 3 ранга	1905	5.8.1938	Урумчи	а/к
Гордеев Николай Михайлович	лейтенант	1914	26.12.1939	Ланьчжоу	в/б
Гордиенко Иван Фомич	лейтенант	1906	29.1.1938	Лоян	в/б
Горячев	младший командир	1913	12.1.1938	Уху	в/б

Василий Павлович					
Громов Матвей Георгиеви		1902	16.3.1938	Ланьчжоу	а/к
Гришаев Андрей Васильевич	младший командир	1908	1.11.1938	Ханьчжун	а/к
Гулый Филипп Денисович	старший лейтенант	1909	12.8.1938	Наньчан	в/б
Гуров Иван Никифорович		1914	3.8.1938	Ханькоу (Ухань)	в/б
Гусев Антон Григорьевич		1912	16.3.1938	Ланьчжоу	а/к
Давыдов Георгий Константинович	младший командир	1911	12.8.1938	Наньчан	в/б
Дёгтев Александр Емельянович	военинженер 3 ранга	1906	19.12.1938	Шаньпапа	а/к
Дерягин Николай Андреевич		1907	16.3.1938	Ланьчжоу	а/к
Долгов Владимир Герасимович	старший лейтенант	1907	16.7.1938	Ханько (Ухань)	в/б
Домнин Михаил Андреевич	воентехник 2 ранга	1907	14.3.1938	Уху	в/б
Дроков Степан Николаевич	старший лейтенант	1907	16.3.1938	Ланьчжоу	а/к
Елфимов Василий Захарович	красноармеец	1917	13.8.1940	Хами погиб	
Жохов Арсений Федорович	младший командир	1913	1.11.1938	Ханьчжун	а/к
Жуков Алексей Александрович	воентехник 2 ранга		5.8.1938	Не известно	а/к
Журавлев Михаил Иванович	майор	1901	4.2.1938	Мунчаты	а/к
Забалуев Константин Егорович	старший лейтенант	1907	7.1.1938	Наньчан	в/б
Заранский Николай Иванович		1914	30.1.1938	Не известно	
Зинченко Федор Филиппович	старший лейтенант	1911	10.1.1940	Район Янхо	а/к
Зиссер Борис Израилевич	лейтенант	1913	3.8.1938	Урумчи	а/к
Зубков Павел Михайлович	старшина	1913	13.6.1938	Сяньян	а/к
Зуйков		1911	16.3.1938	Ланьчжоу	а/к

Николай Иванович Иванов	младший командир	1915	12.8.1938	Наньчан	а/к
Александр Петрович Иванов	воентехник				
Петр Иванович Иерусалимов	2 ранга военврач	1912	1.11.1938	Ханьчжун	а/к
Андрей Николаевич Инковцев	I ранга	1903	16.3.1938	Ланьчжоу	а/к
Иван Тимофеевич Ионкин	младший командир		26.3.1940	Не известно	погиб в бою
Николай Иванович Иосифов		1908	16.3.1938	Ланьчжоу	а/к
Алексей Андреевич Исаев	лейтенант	1908	15.1.1938	Наньчан	а/к
Иван Васильевич Кадук	лейтенант	1913	26.12.1939	Ланьчжоу	в/б
Александр Моисеевич Канашко	старший лейтенант	1904	4.2.1938	Не известно	а/к
Сергей Тимофеевич Касьянич	старшина	1915	22.12.1938	Нанькин	н/д
Трофим Александрович Кашин	младший командир	1911	1.11.1938	Ханьчжун	а/к
Григорий Яковлевич Кашкар	лейтенант	1911	22.12.1937	Наньчан	в/б
Василий Алексеевич Кизильштейн	лейтенант	1907	4.7.1938	Наньчан Ханькоу	в/б
Моисей Исаакович Кириллов	младший командир	1913	15.2.1938	(Ухань) умер от ран	
Николай Иванович Кирнес	старшина воентехник	1910	7.11.1937	Чаньчжоу	а/к
Аркадий Зусевич Князев	2 ранга	1913	1.11.1938	Ханьчжун	а/к
Виктор Павлович Коваль	лейтенант	1911	5.8.1938	Урумчи	а/к
Александр Емельянович Ковалев	старший лейтенант	1907	20.12.1938	Чэнду	а/к
Николай Исаевич Кодинцев	лейтенант воентехник	1908	4.2.1938	Не известно	а/к
Александр Павлович Козлов	2 ранга	1909	1.11.1938 Ханькоу	Шаоян	а/к
Валентин Сергеевич Кокин	младший командир	1912	15.2.1938	(Ухань)	в/б

Алексей Ефимович Колесников	воентехник Iранга	1914	2.1.1940	Баоцин	а/к
Алексей Иванович Колеснико	младший командир	1911	1.11.1938	Ханьчжун	а/к
Дмитрий Герасимович Коротков	воентехник 2 ранга	1908	20.12.1938	Шаньпапа	а/к
Михаил Семенович Костин	лейтенант	1912	5.8.1938	Урумчи	а/к
Григорий Петрович Костышкин	младший командир	1913	21.1.1938	Нанькин	в/б
Андрей Павлович Котолупенко	воентехник 2 ранга	1906	20.10.1938	Ханьчжун	погиб
Василий Дмитриевич Крюков	майор	1904	15.11.1940	Чунцин	умер от болезни
Александр Васильевич Крюков	лейтенант	1908	29.1.1938	Лоян	в/б
Александр Иванович Кузнецов	старшина	1907	19.12.1938	Шаньпапа	в/б
Александр Алексеевич Кузнецов	младший командир	1913	20.12.1938	Ханьчжун	погиб
Виктор Инокентьевич Кукушкин	воентехник Iранга		5.8.1938	Урумчи	а/к
Яков Григорьевич Кулешин	майор	1897	4.2.1938	Не известно	а/к
Дмитрий Иванович Кулишинко	младший командир	1914	21.8.1938	Фучжоу	умер от ран
Григорий Акимович Куница	капитан	1907	14.10.1939	Ваньсянь	в/б
Михаил Ефимович Курдюмов	лейтенант	1915	28.12.1939	Ланьчжоу	
Василий Михаевич Кушенко	старший лейтенант	1906	28.10.1937	Сучжоу	а/к
Иван Николаевич Лавренчук	лейтенант	1911	14.3.1938	Не известно	пропал без вести
Николай Иванович Лебедев	воентехник 2 ранга	1907	13.6.1938	Сяньян	в/б
Григорий Федорович Левин	младший командир	1915	24.5.1938	Не известно	пропал без вести
Иван Макситович Литвинов	воентехник 2 ранга	1910	19.12.1938	Шаньпапа	а/к
Алексей Кириллович Лужков	лейтенант	1912	15.1.1938	Наньчан	а/к

Александр Иванович Лукашевич		1910	16.3.1938	Ланьчжоу	а/к
Михаил Васильевич Лукин			20.8.1939	Не известно	погиб
Иван Данилович Лысункин	старший лейтенант	1913	14.10.1939	Шиняньчжен	в/б
Александр Илларионович Лобарь	капитан	1910	9.9.1938	Ханьян	в/б
Яков Лаврентьевич Магляк	лейтенант	1912	15.1.1938	Наньчан	а/к
Александр Григорьевич Макаров	лейтенант	1913	12.8.1938	Наньчан	в/б
Иван Павлович Мальмин	лейтенант	1909	24.5.1938	Не известно	пропал без вести
Федор Васильевич Мальцев	капитан	1904	1.11.1938	Ханьчжун	погиб
Николай Васильевич Марченков	воентехник 2 ранга	1913	19.12.1938	Шаньпапа Ханькоу	а/к
Марк Николаевич Матвеев	младший командир	1914	9.7.1938	(Ухань) Ханькоу	умер от ран
Дмитрий Павлович Матвеев	лейтенант	1907	16.7.1938	(Ухань)	погиб от бомб
Николай Петрович Маткин	капитан	1907	19.10.1938	Ланьчжоу	а/к
Андрей Ильич Меркулов	старший лейтенант	1907	3.7.1938	Не известно	пропал без вести
Михаил Николаевич Миротворцев	младший командир		5.8.1938	Урумчи	а/к
Павел Васильевич Михайлов	воентехник 2 ранга	1915	19.12.1938	Шаньпапа	а/к
Степан Михайлович Москаль	младший командир	1911	19.12.1938	Шаньпапа	а/к
Самсон Андреевич Муравьев	лейтенант	1907	3.6.1938	Аньцин	в/б
Павел Васильевич Мурсюкаев	лейтенант старший	1909	14.3.1938	Не известно	пропал без вести
Сулейман Ахмеджанович Назарук	лейтенант	1905	24.5.1938	Не известно	пропал без вести
Михаил Иванович Нежданов	младший лейтенант	1909	19.10.1939	Не известно	погиб
Николай Никифорович Несмелов	лейтенант	1913	22.11.1937	Нанькин	а/к

Василий Михайлович Никифоров	лейтенант	1906	4.4.1938	Сиань	а/к
Василий Капитонович Оборин	воентехник Ірангa	1909	5.8.1938	Не известно	а/к
Александр Васильевич Обухов	младший командир	1913	19.12.1938	Шаньпапа	а/к
Арсений Матвеевич Озеров	младший командир	1913	15.3.1938	Наньчан	а/к
Иван Павлович Опасов	воентехник 2 ранга	1915	1.11.1938	Ханьчжун	а/к
Константин Тимофеевич Орехов	старший лейтенант	1908	4.7.1938	Наньчан	в/б
Александр Васильевич Осипов	лейтенант	1912	9.1.1938	Наньчан	в/б
Валентин Николаевич Падимов	младший командир	1911	4.2.1938	Не известно	а/к
Александр Васильевич Парамонов	красноармеец	1918	12.4.1941	Не известно	а/к
Владимир Иванович Песоцкий	воентехник 2 ранга	1911	15.2.1938	Ханькоу (Ухань) умер от ран	
Василий Васильевич Петров	лейтенант	1907	15.2.1938	Ханькоу (Ухань) умер от ран	
Арсений Петрович Петрович	лейтенант	1909	2.12.1937	Нанькин	в/б
Георгий Антонович Плешаков	военврач 2 ранга	1902	5.8.1938	Урумчи	а/к
Георгий Николаевич Погудин	лейтенант		5.8.1938	Урумчи	а/к
Аркадий Иванович Подвальский	младший командир	1911	19.12.1938	Шаньпапа	а/к
Никита Ефимович Подогов	младший командир	1915	26.7.1938	Аньцин	в/б
Иван Петрович Поликанов	лейтенант	1909	5.10.1938	Не известно	
Виктор Васильевич Поляков		1916	16.3.1938	Ланьчжоу	а/к
Михаил Федорович Попов	лейтенант	1913	18.8.1939	Таньщцй	а/к
Михаил Данилович Попов	воентехник 2 ранга	1909	19.12.1938	Шаньпапа	а/к
Павел Григорьевич	младший командир	1912	12.8.1938	Наньчан	в/б

Попов
Сергей Григорьевич старшина 1915 2.12.1937 Нанькин в/б
Потапов
Иван Иванович лейтенант 1909 7.1.1938 Наньчан в/б
Разгулов
Александр Николаевич лейтенант 1908 26.1.1938 Ханьшань в/б
Рожинка
Иван Карпович старший лейтенант 1910 30.12.1939 Лючжоу в/б
Романов
Федор Семенович лейтенант 1908 18.2.1938 Ланьчжоу облет самолета
Рубашкин
Анатолий Дмитриевич лейтенант 1909 15.9.1938 Наньчан погиб
Румянцев
Михаил Максимович старшина 1908 17.2.1938 Не известно пропал без вести
Савин
Сергей Иванович 1902 16.3.1938 Ланьчжоу а/к
Савкин
Петр Фаменович воентехник 1907 5.8.1938 Не известно а/к
Салманов I ранга
Вениамин Иванович красноармеец 1916 9.2.1939 Ланьчжоу п/б
Сарайский
Николай Васильевич лейтенант 1908 29.1.1938 Лоян в/б
Серебрянников техник–интендант
Иван Павлович 2 ранга 1916 12.4.1941 Не известно автокатастрофа
Симоненко
Григорий Петрович красноармеец 1917 9.2.1939 Пинлянь п/б
Синявский
Николай Васильевич старший лейтенант 1904 1.11.1938 Ханьчжун а/к
Скоков
Петр Лаврентьевич полковник 1901 1.5.1941 Чунцин умер от болезни
Скорняков
Леонид Иванович старший лейтенант 1909 17.8.1938 Ухань погиб
Смирнов
Николай Алексеевич лейтенант 1907 25.2.1938 Наньчан в/б
Смирнов
Николай Михайлович лейтенант 1914 5.8.1938 Не известно а/к
Смирнов
Сергей дмитриевич старший лейтенант 1908 25.2.1938 Наньчан в/б
Смышляев
Николай Федорович воентехник 2 ранга 1911 19.12.1938 Не известно погиб
Соловьев Ханькоу

Александр Иванович Степанов	старшина	1912	21.8.1938	(Ухань)	в/б
Иван Петрович Стукалов	капитан	1907	3.8.1939	Ланьчжоу Ханькоу	а/к
Иван Ильич Сухоруков	старший лейтенант	1905	16.7.1938	(Ухань)	погиб
Евгений ильич Тарыгин	лейтенант	1912	4.7.1938	Наньчан	в/б
Михаил Алексеевич Тельнов	Батальонный комиссар	1900	24.2.1938	Наньчан	а/к
Николай Ефимович Терехов	старший лейтенант	1910	16.3.1938	Ланьчжоу	а/к
Александр Григорьевич Терехов	воентехник I ранга	1910	1.11.1938	Ханьчжун	а/к
Николай Михайлович Терехов	старший лейтенант	1907	12.8.1938	Наньчан	в/б
Петр Иванович Тихонов		1909	20.10.1938	Не известно	погиб
Александр Павлович Ткаченко	капитан	1910	12.8.1938	Наньчан	в/б
Николай Захарович Товченник	лейтенант	1911	7.11.1937	Чаньчжоу	а/к
Иван Александрович Толдинов	воентехник 2 ранга	1914	19.12.1938	Шаньпапа	а/к
Иван Ефимович Торопович	младший командир	1911	1.11.1938	Ханьчжун	а/к
Степан Яковлевич Трифонов	военврач 3 ранга		19.12.1938	Шаньпапа	а/к
Сергей Васильевич Тужилкин	воентехник 2 ранга	1907	19.12.1938	Шаньпапа	а/к
Григорий Васильевич Удалов	лейтенант	1912	29.1.1938	Лоян Ханькоу	в/б
Владимир Михайлович Ударов	младший командир	1914	16.7.1938	(Ухань) Ханькоу	погиб
Константин Матвеевич Успенский	воентехник I ранга	1914	16.7.1938	(Ухань) Ханькоу	погиб
Алексей Евгеньевич Ушанов	капитан	1906	29.4.1938	(Ухань)	в/б
Иван Федорович Федоринов	лейтенант	1910	21.6.1938	Чунцин	в/б
Иван Дмитриевич	лейтенант	1911	5.8.1938		а/к

Федоров Сергей Васильевич	младший командир	1914	16.7.1938	Ханькоу (Ухань)	погиб
Федосеев Сергей Андреевич	старшина	1912	14.10.1939	Ханькоу (Ухань)	в/б
Филимонов Николай Иванович	младший командир	1915	19.12.1938	Шаньпапа	а/к
Филиппов Петр Семенович	старший лейтенант	1910	3.8.1939	Ханькоу (Ухань)	в/б
Фомин Василий Николаевич	старший лейтенант	1908	17.2.1938	Не известно	в/б
Фролов Георгий Иванович	воентехник 2 ранга	1907	1.11.1938	Ханьчжун	а/к
Хрычиков Семен Алексеевич	лейтенант	1911	4.7.1938	Наньчан	в/б
Чабан Петр Игнатьевич	лейтенант	1908	24.2.1938	Наньчан	а/к
Чайкин Сергей Иванович	воентехник I ранга	1904	1.11.1938	Ханьчжун	а/к
Черенков Михаил Захарович	младший командир	1908	1.11.1938	Ханьчжун	а/к
Чехлатый Александр Нестерович	лейтенант	1914	4.4.1938	Сиань	а/к
Чугунов Александр Сергеевич	красноармеец	1914	5.8.1938	Не известно	а/к
Чуряков Хасьян Хасьянович	старший лейтенант	1907	12.8.1938	Наньчан (Цзюцзян)	в/б
Шакула Иван Иванович	воентехник 2 ранга	1909	4.4.1938	Сиань	а/к
Шевцов Исаак Андреевич	воентехник 2 ранга	1911	1.11.1938	Ханьчжун	а/к
Шевченко Филипп Михайлович	старший лейтенант	1910	26.1.1938	Ханьшань	в/б
Шестаков Виктор Иванович	воентехник 2 ранга	1913	1.11.1938	Ханьчжун	а/к
Шицин Василий Куприянович	старший лейтенант	1907	19.12.1938	Чэнду	а/к
Шишлов Михаил Дмитриевич	воентехник 2 ранга	1908	8.2.1938	Ханькоу (Ухань)	а/к
Штурмин Анатолий Дмитриевич	старший лейтенант	1908	26.6.1938	Наньчан	в/б
Шуман					

Андрей Маркианович Шустер	лейтенант	1907	15.1.1938	Наньчан	а/к
Лев Захарович Щелгачев	лейтенант	1914	29.4.1938	Ханькоу (Ухань)	в/б
Георгий Иннокетьевич Щербаков		1916	16.3.1938	Ланьчжоу	а/к
Алексей Николаевич Ябриков	воентехник 2 ранга	1908	1.11.1938	Ханьчжун	а/к
Петр Александрович Ямщиков		1904	16.3.1938	Ланьчжоу	а/к
Иван Николаевич Ященков	воентехник I ранга	1908	5.8. 1938	Урумчи	а/к
Федор Григорьевич	лейтенант	1908	2.11.1938	Ланьчжоу	а/к
Рахманов А.С.	командир эскадрильи		10.10.1938	Ханьян	н/д
Прохоров Антон Федорович	лейтенант		4.12.1937		в/б
Китаев Константин ...					н/д

致谢

在本次寻访和成书过程中，很多个人为我们提供了珍贵素材和关键线索，在此一并表示感谢。他们是：

张良皋

著名建筑学家、华中科技大学建筑系创始人之一，解放公园苏军烈士纪念墓园工程设计师。

蔡德庄

已故著名建筑学家、武汉建筑设计院总工程师、解放公园苏军烈士纪念墓园总设计师黄康宇的遗孀。

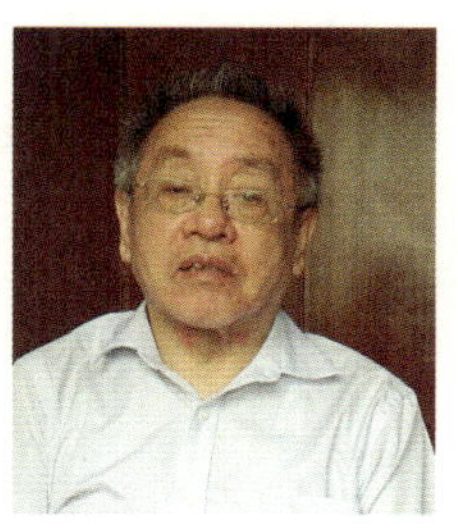

范方镇

曾任南京孙中山纪念馆文史室主任，退休后被返聘为南京中山陵钟山文化研究会的研究员。翻译过苏联空军志愿队老战士回忆录《1937—1940 在中国的天空》。

达姆李诺夫

俄罗斯联邦驻华大使馆武官

瓦西里·伊万诺维奇·伊万诺夫

俄中友协副主席、全俄老战士委员会中国分委会主席。常年致力于寻找苏联志愿队烈士的工作。

尤里·列昂尼多维奇·斯柯尔尼亚科夫

烈士列昂尼德·伊凡诺维奇·斯柯尔尼亚科夫之子

加琳娜·弗拉基米罗夫娜·波什金娜

烈士伊凡·尼科诺罗维奇·古罗夫唯一的后人、外甥女。

莎罗诺娃·维多克莉亚·根纳季耶夫娜

俄罗斯驻沪前总领事亚历山大·亚历山德罗维奇·沙罗诺夫的夫人，俄罗斯科学院社会科学情报研究所的高级研究员。

谢尔盖·阿多里法维奇·达诺夫

烈士菲利普·杰尼索维奇·古里耶和安娜·吉娜西莫夫娜·古拉娅的外孙

叶甫盖尼·康斯坦丁洛维奇·奥巴索夫

烈士康斯坦丁·季莫费耶维奇·奥巴索夫之子

安德烈·阿里别尔多维奇·马特维耶夫

烈士尼古拉·比特洛维奇·马特维耶夫的孙子

塔玛拉·普希金娜

苏联空军志愿队员 A·И·普希金之女

娜塔莉亚·季莫菲耶芙娜·赫留金娜

苏联空军志愿队员季莫费伊·季莫费耶维奇·赫留金之女

安德烈·季莫费耶维奇·赫留金

苏联空军志愿队员季莫费伊·季莫费耶维奇·赫留金之子

谢尔盖·安纳多利耶维奇·库什里廖夫

烈士格里戈里·库里申科的外孙，俄罗斯国家电视台一台大型寻亲栏目《等着我》的总制片人。

维克多·安纳多利耶维奇·米拉诺夫

俄罗斯国立军事档案馆文献应用部的负责人

萨苏

军史作家

李多力

中国共产党早期领导人李范五之子，中俄友协成员。

王常福

曾任中国驻俄罗斯大使馆副武官

寻访 / 撰稿：谌达军、胡洁、翟晓林、刘功虎

摄影：陈卓、郭良朔、任勇、胡九思

外联：余坦坦

资料：刘芳玲、薛玉

翻译支持：胡谷明、张鸿彦、郭彦然、唐诗语、肖佳慧

支持单位：俄罗斯联邦驻华大使馆、俄罗斯联邦国立军事档案馆、武汉市外事办公室、辛亥革命博物馆